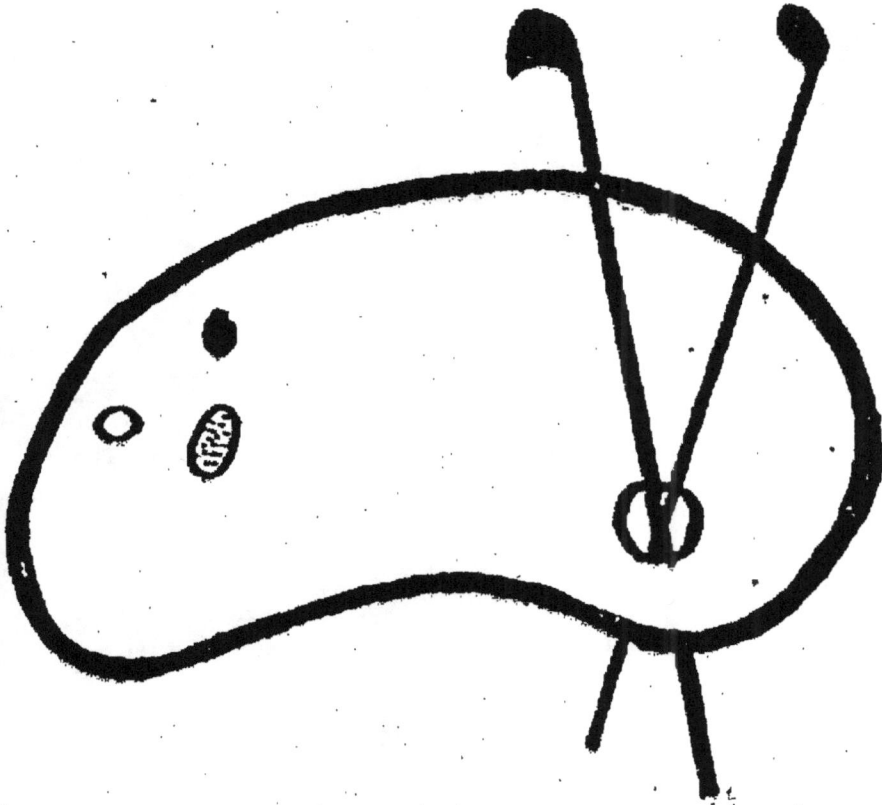

DEBUT D'UNE SERIE DE DOCUMENTS
EN COULEUR

Des taxes communales d'Octroi

thèse pour le Doctorat

par

Gustave Bachard

Concours le Correcteur   744

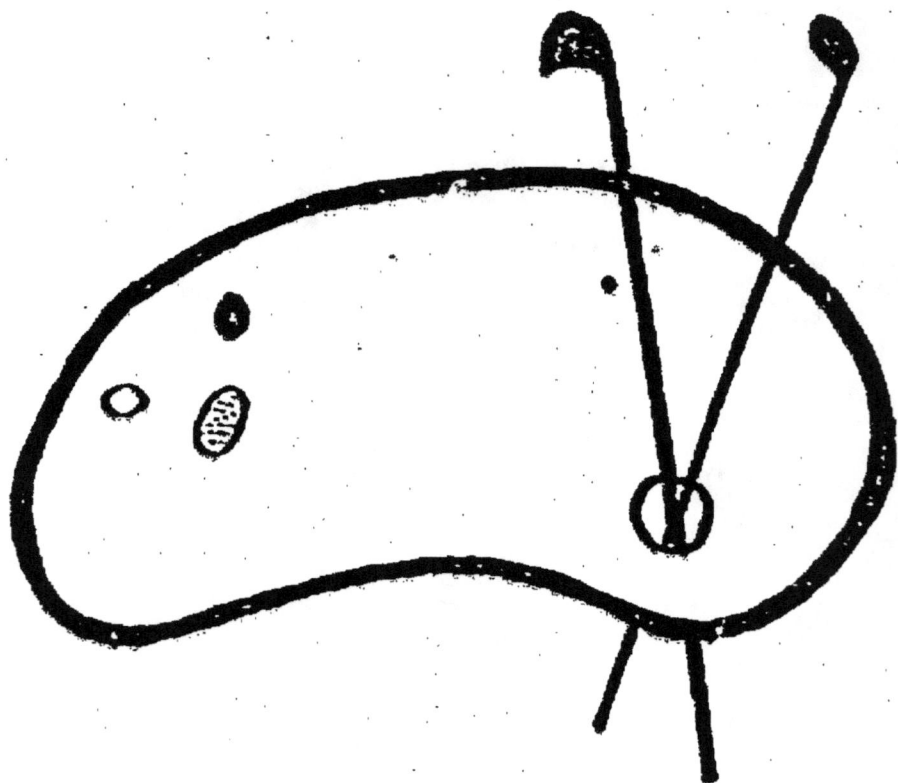

FIN D'UNE SERIE DE DOCUMENTS
EN COULEUR

THÈSE POUR LE DOCTORAT

FACULTÉ DE DROIT DE GRENOBLE

MM TARTARI,   Doyen, professeur de Droit civil.

GUEYMARD ✿,   Doyen honoraire, professeur de Droit commercial.

TESTOUD ✿,   Professeur de Droit civil, *en congé*.

GUÉTAT,   Professeur de Législation criminelle.

FOURNIER,   Professeur de Droit romain.

BEAUDOUIN,   Professeur de Droit romain.

BALLEYDIER,   Professeur de Droit civil.

MICHOUD,   Professeur de Droit administratif.

PILLET,   Professeur de Droit international.

BEUDANT,   Agrégé, chargé de

CAPITANT,   Agrégé, chargé de cours.

HITIER,   Agrégé, chargé de cours.

REBOUD,   Chargé de cours.

CUCHE,   Chargé de cours.

ROYON,   Secrétaire.

DES
TAXES COMMUNALES D'OCTROI
DE
LEUR ÉTABLISSEMENT
ET DE
LEUR SUPPRESSION

THÈSE POUR LE DOCTORAT

L'acte public sur les matières ci-après sera soutenu le jeudi 16 Juillet 1896 à 2 heures.

PAR

Gaston BERTRAND

Commis principal des Contributions indirectes

Président : M. MICHOUD.
Suffragants : MM. BALLEYDIER, *professeur*
BEUDANT, *agrégé.*

PARIS
LIBRAIRIE NOUVELLE DE DROIT ET DE JURISPRUDENCE
ARTHUR ROUSSEAU, ÉDITEUR
14, RUE SOUFFLOT ET RUE TOULLIER, 13

1896

A MON PÈRE

A MA MÈRE.

PRINCIPAUX OUVRAGES CONSULTÉS

Abolition des octrois communaux en Belgique. Débats et documents parlementaires. Bruxelles, Imprimerie Hayez, 1868.

D'Avenel. — Les octrois en France et à l'étranger. Paris, Guillaumin, éditeur.

Babeau. — La ville sous l'ancien régime.

Bardoux. — Rapport au nom de la commission du sénat chargée de l'examen de la proposition de loi votée par la Chambre des députés et relative à la suppression des octrois. Documents parlementaires du Sénat, 1893.

Batbie. — Traité théorique et pratique de droit public et administratif. Paris, 1885.

Béqaet. — Répertoire de Droit public et administratif.

Bertauld. — Enquête de 1869. Rapport au Conseil municipal de Caen.

Berthélemy. — La suppression des octrois et l'expérience de Lyon. Revue politique et parlementaire, mai 1895.

Block. — Dictionnaire de l'administration française, 1891.

L'octroi. Pourquoi il est conservé. Revue générale d'administration, 1878, III.

Brelay. — Divers articles de l'*Économiste français* et du *Monde économique*. Bulletin de statististique et de législation comparée.

Burot. — Les octrois. Paris, 1872.

Cohen. — Le Budget. Ce qu'il est, ce qu'il peut être. Paris, Guillaumin, 1892.

Dalloz. — Répertoire de Jurisprudence générale. Supplément au Répertoire.

Deloynes. — Les octrois et les budgets municipaux, 1871.

Dufour. — Droit public administratif appliqué.

Flourens. — Organisation judiciaire et administrative de la France et de la Belgique. Garnier éditeur.

Gomel. — Les causes financières de la Révolution.

Guignard. — De la suppression des octrois et de leur remplacement.

Guillemet. — Rapport à la Chambre des députés sur la suppression des octrois. Annexe au procès-verbal de la séance du 7 avril 1892.

Guyot. — Rapport à la Chambre des députés. Annexe au procès-verbal de la séance du 17 décembre 1888.

Journal officiel.

Leroy-Beaulieu. — Traité de la Science des Finances, 1891. Divers articles parus dans *l'Économiste Français*.

Montesquieu. — Esprit des lois, l. XIII.

de Parieu. — Traité des impôts.

Réforme Sociale.

Richald. — Histoire des finances publiques de la Belgique depuis 1830.

Rousset. — Histoire des impôts indirects.

Say. — Dictionnaire des Finances. Dictionnaire d'économie politique.

Saint-Julien et Bienaymé. — Histoire des droits d'entrée et d'octroi à Paris.

Smith. — Richesse des nations.

Turquin. — Manuel des octrois.

Thiers. — De la propriété. Livre IV, de l'impôt.

Trescazes. — Dictionnaire des Contributions indirectes.

PREMIÈRE PARTIE

HISTORIQUE

---

§ 1. — L'octroi sous l'ancienne monarchie.

L'impôt perçu aux portes des villes sous le nom d'octroi n'est point d'invention moderne ; mais ses origines sont encore peu connues. Certains auteurs prétendent en découvrir les premières traces au ve siècle de notre ère. Vers cette époque, se formaient dans certaines régions des Gaules des associations de marchands connues sous le nom de « *hanses* », qui toutes eurent des débuts modestes, mais dont quelques-unes devaient, avec le temps, prendre une réelle importance. A Paris, notamment, *la confrairie des marchands de l'eau* prétendit de très bonne heure exploiter pour elle seule le cours de la haute Seine et soumettre à des droits élevés, à des formalités longues et coûteuses les transports effectués par des bateaux autres que ceux de la corporation ou par des négociants non hansés (1). Un jour vint où la royauté dût sanctionner par ses édits les prétentions des marchands et donner ainsi force de loi aux coutumes qu'ils avaient établies.

(1) Une entreprise analogue s'était établie à Rouen sous le nom de compagnie normande.

Vers 1120, notamment, une ordonnance du roi Louis le
Gros accordait à la *confrairie* un droit de 60 sols par
bateau qui entrerait à Paris au temps des vendanges.
C'était, par le fait, un véritable droit d'octroi qui était ainsi
concédé à la ville, car la *hanse* parisienne n'était plus la
simple réunion de bateliers qu'elle était quatre ou cinq
siècles auparavant. A cette époque, où les échanges se faisaient surtout par les voies fluviales, la corporation des
marchands de l'eau n'avait pas tardé à voir ses affaires
prospérer ; elle avait rapidement conquis le monopole du
commerce de la cité, et exerçait dès ce moment, à Paris,
le pouvoir municipal. Les perceptions opérées pour le
compte de la hanse profitaient donc, en réalité, à la ville,
et dans une opinion assez répandue, elles constitueraient
la première forme qu'auraient revêtue les taxes d'octroi (1).

MM. Saillet et Olibo disent que les octrois doivent leur
origine à Jean, duc de Normandie, qui devint plus tard le
roi Jean le Bon. « La création de cet impôt municipal,
ajoutent-ils, rappelle ainsi une époque de douloureux sou-
venirs, car il fut établi pour réparer les pertes occasionnées
par l'étranger, maître alors d'une partie de la France (2) ».

Il en est enfin, et cette opinion paraît bien la plus vrai-
semblable, qui rattachent la création des droits d'octroi
au mouvement d'émancipation qui se produisit au xᵉ et
xiᵉ siècles et aboutit à l'établissement des communes. C'est
au moment où les bourgeois des villes lassés du joug des
seigneurs féodaux s'unirent pour résister et conquérir
leur indépendance que de semblables impositions au-

---

(1) ROUSSET. *Histoire des impôts indirects.* SAINT-JULIEN et
BIENAYMÉ. *Histoire des droits d'entrée et d'octroi à Paris.* —
BUROT. *Les octrois,* p. 12.

(2) SAILLET et OLIBO. *Code des contributions indirectes.*

raient pris naissance. Pour engager la lutte et pour la
soutenir, il fallait des ressources : on s'en procura en
taxant les objets de consommation locale ; et, de fait, on ne
pouvait guère recourir à d'autres moyens : la fortune mobilière était chose inconnue à l'époque ; et quant à la terre
on ne pouvait l'imposer avec chance de profit ; elle appartenait en effet, en majeure partie, à une classe privilégiée
exempte de contribution foncière (1).

Les taxes établies portèrent donc sur les objets de consommation. Les ressources qu'elles procurèrent permirent
aux villes de lutter avec avantage et d'obtenir de leurs
seigneurs, tantôt amiablement, tantôt par la force des ar-
mes, la reconnaissance de « franchises communales. »
L'indépendance de la commune, tel était le premier et
principal article de la charte arrachée au suzerain et,
« comme nos pères avaient parfaitement compris que
pour l'assurer et pour la garantir il fallait que l'association nouvelle eût la libre disposition de ses finances, ils
inséraient un article qui lui reconnaissait ainsi qu'à ses
représentants électifs le droit d'établir des impôts et de
déterminer l'emploi de leur produit » (2).

Ces impôts, nous venons de dire pour quel motif, atteignirent la consommation intérieure et principalement les
boissons. Au début même, il semble que les liquides aient
été seuls taxés, puis, les besoins des communes augmentant
le nombre des objets soumis aux droits augmenta par là

(1) DELOYNES. *Les octrois* et *les Budgets municipaux* — « Les
différents impôts communaux furent à l'origine, dit Châteaubriand,
les représailles que les bourgeois des villes exercèrent contr eles bri-
gandages de la noblesse féodale » GUIGNARD : *de la suppression
des octrois*, opinion citée, p. 13.

(2) DELOYNES, *Les octrois et les budgets municipaux*

même. Dès cette époque, l'octroi existe, mais l'appellation
n'est point encore connue. Le mot « octroi » indique
une concession, une mesure gracieuse, toutes choses
qui diffèrent sensiblement de l'état actuel. Les villes en
effet sont presque souveraines : libres de s'imposer quand
elles le veulent et comme elles le veulent, elles profitent,
sans restriction aucune, des contributions qu'elles lèvent
pour subvenir à leurs dépenses. Cette sorte d'autonomie,
conquise au prix de luttes longues et pénibles, devait peu
à peu disparaître, à mesure que grandissait et se fortifiait
la puissance royale. Il vint un jour où les communes per-
dirent le droit de s'imposer librement, où elles durent solliciter de la bienveillance du monarque une autorisation
jadis inutile, et c'est de ce jour, à proprement parler, que
les taxes d'octroi apparaissent. En accordant l'autorisa-
demandée, en l'octroyant (c'était l'expression même de
l'édit) (1) le souverain réservait toujours pour le trésor
une partie plus ou moins importante de l'impôt perçu
jusqu'alors au profit exclusif de la commune.

Il y avait là une ressource précieuse pour la royauté.
Aussi, dès le xiii° siècle, un grand nombre de lettres royales
autorisaient-elles ces créations d'octrois. Bourges 1210,
Lyon 1295, Limoges 1345. Amiens, 1350 etc. Même, le
plus souvent, la concession n'était accordée que pour un
temps limité et sa durée était d'autant plus longue que la

(1) De là le nom d'octroi : octroïam id est licentia vassalo data
DUCANGE. « Aussi longtemps que les taxes sur les consommations furent librement votées, diminuées ou augmentées par les assemblées
locales elles ne soulevèrent aucunes critiques. Comment en eut-il été
autrement, puisque les contribuables s'y soumettaient volontairement ? » D'AVENEL, les octrois en France et à l'étranger.

somme offerte au monarque était plus importante. L'octroi était ensuite prorogé et sa prorogation avait pour résultat de procurer de nouvelles ressources aux finances royales.

Ainsi l'octroi a rapidement perdu le caractère qu'il avait à ses débuts. A l'époque où nous sommes arrivés, ce n'est plus, comme à l'origine, une taxe librement votée et consentie par les représentants électifs de la cité, uniquement affectée aux dépenses communales ; la majeure partie de son produit va, dès maintenant, grossir les coffres du trésor. Cet état de choses ne devait pas empêcher l'institution de se développer. Les villes, en effet, recouraient volontiers à cet impôt, assurées qu'elles étaient d'y trouver les ressources nécessaires à leur entretien ; les rois, de leur côté, n'avaient garde de refuser une autorisation qui leur procurait des bénéfices parfois considérables. Aussi, les octrois se multiplièrent-ils très vite ; mais ils devaient donner lieu bientôt aux pires abus et soulever contre eux l'indignation populaire.

L'infinie variété des taxes et leur élévation étaient une première cause de mécontentement. Si, comme l'a dit Montesquieu, l'impôt sur les marchandises doit être préféré, parce qu'il se rapporte d'une manière moins directe à la personne (1), c'est à condition que les droits soient sagement ménagés, que les tarifs fixés avec modération et justice, d'une façon à peu près uniforme, ne varient pas sans cesse suivant les caprices du souverain ou selon les nécessités du moment. Or, ce principe essentiel en matière d'impôt et principalement d'impôt indirect, était chaque jour méconnu. En ce temps de guerres à outrance,

_____

(1) *Esprit des lois*. Livre XIII.

de troubles intérieurs presque continus où les impositions extraordinaires étaient, pour ainsi dire, la règle, l'octroi constituait pour le trésor une ressource qu'on croyait inépuisable (1). C'était toujours à lui qu'on avait recours dans les moments difficiles, aussi les tarifs étaient-ils perpétuellement remaniés et surélevés. Et cet inconvénient se faisait d'autant plus vivement sentir que l'octroi pesait presque uniquement sur les classes pauvres. En vertu de privilèges reconnus, le clergé et la noblesse étaient exempts des taxes ; certains emplois de l'Etat, certaines fonctions municipales conféraient les mêmes avantages : le menu peuple acquittait presque seul les impositions locales (2).

D'autre part, les abus de toute sorte occasionnés par le mode de perception appliqué à l'impôt étaient une source de soulèvements continuels. Le système adopté variait suivant les provinces ; mais le plus généralement mis en pratique était le bail à ferme. L'adjudication de l'octroi avait lieu au profit du plus offrant et dernier enchérisseur, d'après certaines formalités déterminées par les règlements communaux, et l'adjudicataire, à la condition de verser la somme convenue au traité, se chargeait à ses risques et périls de la levée des taxes. Cette manière de faire avait

(1) Ce n'était pas au seul profit de la ville que le droit se percevait. C'était toujours au profit du roi, quelquefois de la province tout entière, quelquefois aussi d'une communauté religieuse. ROUSSET, p.266. Sur l'abus qu'on faisait alors des taxes d'octroi, voir BUROT, Les octrois, p. 139 et suivantes.

(2) L'inégalité au point de vue de l'impôt est un trait caractéristique de l'ancien régime. « Payer l'impôt est un signe de routre c'està-dire d'ancienne servitude. TAINE, la France contemporaine, I, p. 25, voir plus loin la lettre de Turgot, alors contrôleur du Limousin, 9 novembre 1772.

bien ses avantages pour la commune qu'elle délivrait de
toute inquiétude sur la rentrée de l'impôt, mais son résultat le plus certain était de livrer le peuple au bon plaisir
du fermier et de ses agents. Ceux-ci n'avaient qu'une pensée et qu'un but : faire rendre à la ferme tout ce qu'elle
pouvait produire et, pour qu'il en fût ainsi, tous les
moyens leur paraissaient bons. Aucun contrôle n'existait :
toutes les exactions étaient possibles, tous les abus excu-
sés par avance (1) et (2).

Une mesure fâcheuse, prise au début du règne de
Louis XIV, allait encore exciter les passions populaires
et donner le signal de soulèvements partiels. Le désordre
des finances royales était alors à son comble ; pour y
remédier, le cardinal Mazarin et le surintendant des finances d'Emery mirent la main sur le produit des octrois. La
déclaration du 21 décembre 1647 portait, en effet, que :
« *tous les deniers d'octroi et autres levés au profit des
villes seraient versés à l'épargne royale.* » Il est vrai
qu'en même temps on autorisait les maires et échevins à
répéter par doublement les mêmes droits (3).

On juge de l'émotion provoquée par cet édit qui privait
les communes de la majeure partie de leurs ressources.
Il ne fut d'ailleurs pas appliqué ; les troubles de la Fronde
empêchèrent sa mise à exécution. La paix rétablie, Col-

(1) L'habitude de donner les impôts à ferme remonte à la plus
haute antiquité. A Rome les *vectigalia* ou impôts indirects étaient affermés à des sociétés de publicains qui commirent les mêmes abus
et soulevèrent les mêmes haines que les fermiers de l'ancienne monarchie.

(2) Consulter le *Dictionnaire d'économie politique* de Léon Say.
Finances de l'Ancien régime.

(3) BUROT, *Les octrois*, p. 202, ROUSSET, *Histoire des impôts ind.*
p. 275.

bert repoussa la spoliation dont Mazarin s'était rendu coupable ; ses pressantes sollicitations obtinrent de Louis XIV le retrait de la mesure de 1647. Le simple droit fut seul maintenu, et la part du Trésor fixée à la moitié du produit brut de l'octroi (Edit de 1663).

Une ordonnance de 1681 confirma ces dispositions et prorogea en même temps à perpétuité les concessions qui jusque là n'étaient que temporaires. De plus, pour assurer au profit de la couronne le prélèvement de moitié fixé par l'édit précédent, on autorisait les fermiers du roi à se mettre en possession de l'octroi et à exiger la remise de tous les titres relatifs à sa perception.

Les guerres malheureuses qui marquèrent les dernières années du règne de Louis XIV eurent pour conséquence de nouvelles aggravations dans le système de l'impôt. En 1710 on revint aux dispositions de l'Edit de 1647 ; le roi confisqua la seconde moitié du produit des octrois, et, malgré les protestations, la mesure fut maintenue. Quelques années plus tard, un nouveau genre d'octroi apparaissait. Indépendamment des droits déjà existants, dont les tarifs atteignaient les proportions que l'on sait, de nouvelles taxes furent créées spécialement destinées à fournir des secours aux hospices et bureaux de bienfaisance. L'impôt ainsi établi fut d'abord appelé *octroi des hôpitaux*, puis *octroi du roi*, lorsque l'État voulut se charger de l'entretien des hospices ; mais les villes se trouvaient par là même grevées, au profit de la couronne, de contributions très lourdes et, si nous ajoutons que des subsides, des dons gratuits étaient fréquemment exigés, qu'une augmentation de tarifs était la conséquence inévitable de cette mesure, on comprendra que la réforme du droit d'octroi ait été de toutes parts réclamée.

§ II. Suppression des octrois par l'Assemblée Constituante.

Au moment où se réunissaient les États généraux de 1789, les questions de finances étaient à l'ordre du jour ; les écrits des philosophes, les discussions des économistes avaient appelé sur ce point l'attention publique. L'opinion s'était émue à la lecture du *Compte-Rendu au Roi* de Necker, plus encore à la publication des *Remontrances de la Cour des aides* (1). *Compte-rendu et Remontrances* contenaient en effet la critique la plus vive qu'il se pût imaginer du régime fiscal d'alors ; et tous deux empruntaient à leur origine même une force considérable. Magistrats, hommes d'état ou publicistes, tous dénonçaient avec vigueur les obstacles apportés au recouvrement de l'impôt par la multiplicité des tarifs, l'obscurité des règlements établis. Ceux-ci ne différaient pas seulement de ville à ville, de province à province, ils variaient aussi suivant le rang ou la qualité des personnes. En 1772, alors qu'il n'était encore qu'intendant du Limousin, Turgot le constatait en ces termes. « Les tarifs ont le défaut d'être conçus en termes vagues et incertains. On est presque toujours obligé de les interpréter par des usages qui varient suivant que les fermiers sont plus ou moins avides, les officiers municipaux plus ou moins négligents (2). » Trois ans plus tard, la cour des aides tenait un langage analogue : « Il y a beaucoup de droits douteux que les fer-

(1) Elles n'étaient pas destinées à être publiées. GOMEL, *Causes financières de la Révolution. Les ministères de Turgot et de Necker*, p. 328.

(2) Lettre de Turgot au contrôleur général sur la réforme des droits d'octroi. Limoges, 9 novembre 1772.

miers essaient d'interpréter suivant les circonstances » (1)
Et les magistrats concluaient avec tous les écrivains
d'alors que les règlements devaient être revisés et simpli-
fiés, les tarifs établis avec clarté et précision, de manière
à prévenir toutes vexations ou perceptions arbitraires.
Enfin, comme il importait au public de les connaître, ils
demandaient instamment que règlements et tarifs fussent
promulgués.

Bien d'autres réformes s'imposaient. C'était un principe
fréquemment rappelé par les ordonnances royales que les
taxes d'octroi ne pouvaient être levées sans le consentement des habitants et sans l'autorisation du roi ou de son
conseil. Cette approbation paraissait nécessaire pour
sauvegarder les intérêts des redevables aussi bien que les
droits de l'État. Elle devait empêcher les officiers municipaux « d'imposer à l'excès la foule du menu peuple » (2).
L'intention était louable, mais le contrôle, si nous nous
en rapportons aux brochures du temps, n'était ni bien
sévère, ni bien efficace. « Comme les droits, dit Turgot,
ont toujours été accordés sur la demande des assemblées
locales, et comme le gouvernement occupé de toute autre
chose a presque toujours adopté sans examen les tarifs
qui lui étaient proposés, il est arrivé, presque partout,
qu'on a chargé de préférence les denrées que les pauvres
consomment (3) ». Et le futur ministre de Louis XVI
dénonce en termes indignés les détestables pratiques des
bourgeois des villes qui trouvent presque toujours le
moyen de s'affranchir de la contribution aux dépenses

(1) GOMEL, *Les ministères de Turgot et de Necker.*
(2) BABEAU, *La ville sous l'Ancien Régime.* I. Livre III, cha-
pitre 1er.
(3) TURGOT, *Lettre au Contrôleur général*, 9 novembre 1772

communes. Parfois, l'intendant de la province réussissait
où l'autorité royale était impuissante. « L'égalité que j'ai
obtenue, disait en 1666, l'intendant de Bourgogne, la fer-
meté avec laquelle j'ai tenu la main que personne ne
s'exemptât a fait que les droits se sont établis avec dou-
ceur (1) ». Bien rares étaient, à la veille de la Révolution,
les intendants qui pouvaient se rendre un semblable té-
moignage ! La plupart constatent l'abus, mais ne font rien
pour le réprimer. Et c'est en vain que les Édits royaux
portent que les droits d'octroi seront payés par toute personne, de quelque état ou condition qu'elles soient. Presque toujours le clergé et la noblesse se sont affranchis de
l'impôt et la bourgeoisie qui domine à l'hôtel de ville a suivi
l'exemple des privilégiés (2).

Les impositions locales pesaient donc d'un poids très
lourd sur les classes indigentes ; ce qui rendait le fardeau
plus onéreux encore, c'est la regrettable facilité avec laquelle les pouvoirs municipaux modifiaient et surélevaient
les tarifs. « Sept fois en 80 ans, dit Taine, le roi a repris
et revendu aux communes le droit de nommer leurs magistrats, et pour payer cette finance énorme elles ont doublé leurs octrois ». A toute demande du monarque pour
don gratuit, de joyeux avènement, don de mariage, cor-
respondait une augmentation immédiate des taxes sur la
consommation intérieure (3).

(1) BABEAU. Livre III, p. 267.
(2) TAINE, L'Ancien Régime, p. 482 et suiv. « Ce qui rend la
charge accablante, c'est que les plus forts et les plus capables de la
porter sont parvenus à s'y soustraire. La misère a pour première
cause l'étendue des exemptions », p. 474 et suiv. — FOURNIER DE
FLAIX, La réforme de l'impôt en France. I, p. 21.
(3) BABEAU, La ville sous l'Ancien régime. Livre III, p. 203. Le

Ajoutez à toutes ces causes de mécontentement d'autres sujets de plaintes tout aussi légitimes : les frais énormes qu'entraînait la perception de l'impôt, les exactions des fermiers, les entraves enfin apportées aux relations commerciales, par une législation rigoureuse qui ignorait les règles essentielles du passe-debout et du transit.

Et cependant, les vices du système fiscal alors en vigueur n'étaient pas la seule cause de la haine qu'il soulevait : la réprobation qui atteignait l'octroi, comme toutes les impositions indirectes, était une conséquence des idées qui avaient cours à l'époque en matière financière. Les Constituants de 1789 étaient tous plus ou moins imbus des doctrines économiques de Quesnay et des physiocrates (1). Persuadés que la terre constitue l'unique source de richesse, qu'elle seule procure à son possesseur un « produit net » c'est-à-dire un bénéfice réel, déduction faite des frais d'exploitation, ils estimaient qu'elle seule devait porter le poids des charges publiques ; n'admettaient qu'un impôt, l'impôt direct, qui pèserait sur la propriété foncière, à l'exclusion de toute contribution personnelle et de toute taxe sur les consommations. « L'impôt sur la terre, disait Mirabeau, porte en dernière analyse tous les autres (2). »

don de joyeux avènement demandé par Louis XV en 1723 consistait dans une somme égale au 1/4 du revenu des octrois et biens patrimoniaux, à la 1/2 des taxes des foires et marchés, à la totalité des produits des usages et des biens communaux.

(1) SCHELE, *Dupont de Nemours et l'École physiocratique*. Paris, Guillaumin, 1888. GOMEL, *Les ministères de Turgot et de Necker*, p. 67 et suiv.— *Les derniers contrôleurs généraux*, p. 610 et suiv.

(2) Ainsi raisonnent presque tous les écrivains de l'époque. — *Tableau économique de Quesnay*, par le marquis de Mirabeau, 1760. — MERCIER DE LA RIVIÈRE, *L'ordre naturel et essentiel des*

Les taxes indirectes atteignent des produits qu'il a déjà frappés ; elles sont injustes, vexatoires ; elles renchérissent le prix des denrées; leur recouvrement nécessite des frais considérables. En imposant seulement la propriété foncière, le mécanisme de la perception se trouve simplifié ; les entraves à la production disparaissent, la circulation devient libre pour le plus grand profit du commerce, le contribuable pauvre se trouve allégé. Enfin, cet impôt direct, seul compatible avec la liberté, la force des choses le fera modéré : s'il était excessif, il provoquerait en effet le mécontentement général. D'ailleurs, que les propriétaires fonciers se rassurent, l'impôt unique ne sera pas pour eux une cause de ruine; il ne restera jamais à leur charge; ils le répartiront, en effet, entre les acheteurs des denrées agricoles, et ceux-ci seront d'autant mieux à même de payer plus cher qu'ils seront délivrés du fardeau de toutes les autres contributions (1).

Telles étaient les doctrines qui allaient dominer au sein de l'Assemblée Constituante. Les critiques cependant

sociétés politiques, 1767. — LE TROSNE, _Traité de l'administration provinciale et de la réforme de l'impôt_ 1788. — CONDORCET, _Constitution des assemblées provinciales_.

(1) L'unité de l'impôt a été défendue avec ardeur par Em. de Girardin. _Questions de mon temps._ — Proudhon entre autres l'a vivement combattue. « Tous les impôts, dit-il, sont entachés d'iniquité, tous aboutissent à l'iniquité ; qui ne voit donc qu'un système unique dans lequel se concentrerait par le fait même de l'exclusion de tous les autres la somme des iniquités fiscales serait un impôt d'une iniquité prodigieuse, d'une iniquité révoltante, puisqu'il aurait pour effet de mettre plus violemment en relief l'anomalie commune à chaque espèce d'impôt, anomalie qui se voit et se sent d'autant moins qu'elle s'éparpille d'avantage ». — PROUDHON, _Théorie de l'impôt._ LEROY-BEAULIEU, _Science des finances_, I, 3.

n'avaient pas manqué au système physiocrate. Voltaire
en avait très finement raillé l'insuffisance dans sa bro-
chure « *L'homme aux quarante écus,* » et Necker, dans
son ouvrage de *l'Administration des Finances,* avait parfaitement mis en lumière les impossibilités pratiques auxquelles il devait se heurter. Comment les agents du fisc
pourraient-ils évaluer le revenu de toutes les propriétés imposables ? Leur estimation éviterait-elle l'inégalité et l'arbitraire ? Était-il raisonnable de soutenir que la terre cons-
tituât la seule source de richesse et de prétendre exempter
les produits du commerce et de l'industrie ? La contribution foncière, précisément parce qu'elle tiendrait lieu de
toutes les autres impositions, serait excessive, et ses défenseurs étaient-ils bien certains qu'elle retomberait en
dernière analyse à la charge du consommateur ?

· Cependant, si les membres de l'Assemblée se pronon-
çaient en grande majorité contre l'impôt indirect, la plupart se montraient beaucoup plus réservés au sujet des
taxes d'octroi. Ils se rendaient compte que cette contribution formait, en définitive, le principal revenu des communes, que cette ressource disparue, les municipalités seraient
hors d'état de faire face à leurs dépenses. La presque
unanimité des cahiers des États-Généraux s'était d'ailleurs
prononcée pour le maintien des taxes d'octroi. Ils demandaient seulement que cette imposition fût réduite « à la
proportion du besoin (1), » qu'elle fût acquittée sans exception de personnes, que les tarifs fussent combinés de façon à dégrever le plus possible la nourriture du pauvre ;
enfin, ils émettaient le vœu que la taxe fût réservée uni-

---

(1) BABEAU, *La ville sous l'ancien régime.* Livre III, p. 266.

quement aux dépenses de la commune et que le pouvoir
royal cessât, à l'avenir d'en prélever une partie (1).

C'est à ces réclamations très modérées que la Constituante parût tout d'abord vouloir donner satisfaction.
Dans la séance du 28 janvier 1790, tous les privilèges et
exemptions en matière d'octrois furent abolis. Les taxes
locales durent, dès lors, être acquittées par tous les citoyens
sans distinction de rang ou de classe.

Mais, sur certains points du territoire, le peuple réclamait
davantage : ce qu'il voulait, c'était une suppression radicale de l'impôt indirect, et bien que cette mesure ne répu-
gnât point à l'Assemblée, cette dernière hésitait cependant à déférer aux désirs impatients des réformateurs.
Les Constituants se bornèrent tout d'abord à confirmer
provisoirement les taxes indirectes. Le décret du 22 septembre 1790 ordonna que les droits d'octroi continueraient
à être perçus jusqu'au moment où l'Assemblée aurait
statué sur les dépenses des villes, communautés et hôpitaux (2).

Le comité des impositions, chargé par l'Assemblée d'étudier les projets de réformes fiscales, demandait lui-même,
le maintien des taxes d'octroi. « Votre comité, disait le
duc de la Rochefoucault, n'ignore pas les vices de cette
taxe locale; il ne croit pas cependant devoir vous propo-

---

(1) C'est un fait digne de remarque que malgré les inconvénients et
les abus qu'entraînait alors la perception des droits d'octroi, 13 cahiers
seulement du tiers et 3 de la noblesse en aient alors demandé la suppression. GOMEL, *Histoire financière de l'Ass. Constituante.* Guillaumin, édit. Paris, 1896, p. 90.

(2) Antérieurement à ce décret, la loi du 17 mars 1790 et les décrets
des 11 avril et 4 août suivants avaient décidé que les octrois continueraient à être perçus jusqu'à ce qu'il en eût été décidé autrement.

ser d'abandonner cette perception, mais bien de la diminuer considérablement et de faire le tarif de manière que
les objets de consommation du pauvre ne paient presque
rien ». C'était, on le voit, la reproduction des demandes des
cahiers. La Rochefoucauld ajoutait : « Vous pourriez diminuer les droits à l'entrée des villes, les supprimer dans
celles au-dessous de mille âmes, les diminuer d'un quart
dans les autres. Vous pourriez les établir de manière que
le pauvre puisse aisément se nourrir (1). »

De semblables réformes paraissaient insuffisantes à
beaucoup. Au dehors de l'Assemblée, les réclamations de-
venaient de jour en jour plus violentes; l'impôt fut refusé
aux barrières et sur plusieurs points du territoire des
émeutes éclatèrent. Cédant alors aux circonstances et
après d'énergiques plaidoyers des députés Fermont et
Le Chapelier, en faveur de l'abolition des taxes indirectes,
les membres de la Constituante sommés de « donner un
débouché à notre industrie et de dégager le commerce de
ses entraves, votèrent la suppression des aides et de tous
les droits perçus à l'entrée des villes, bourgs et villages. »

Cette mesure imprévoyante privait le gouvernement
du tiers environ des revenus de l'ancien régime et mettait
les villes dans l'impossibilité absolue de subvenir à leurs
dépenses. Les conséquences ne s'en firent pas attendre (2).

En échange des octrois supprimés, les villes avaient

_____

(1) BUROT, Les octrois, p. 278.
(2) Par la suppression des contributions indirectes, le Trésor perdit
le tiers de ses revenus. Le produit des domaines de l'État était annulé par une mauvaise administration, celui de l'Enregistrement par
le défaut de transactions particulières, celui de la douane par la guerre.
Les contributions directes formaient à peu près la seule ressource du
Trésor. THIERS, Le Consulat et l'Empire.

obtenu une part dans l'impôt des patentes créé par le décret du 2 mars 1791 (1). Elles étaient également autorisées à solliciter des directoires de district la création de centimes additionnels aux deux contributions directes de répartition : impôt foncier et contribution mobilière. Enfin, une imposition volontaire, dite patriotique, complétait cet ensemble de ressources. Mais les revenus ainsi mis à la disposition des communes étaient loin de suffire à leurs besoins. Le recouvrement du droit de patente ne se faisait qu'avec les plus grandes difficultés : quant au produit des centimes additionnels et de la contribution patriotique il était à peu près nul. Le déficit apparut dans les caisses communales. Les villes de plus en plus obérées ne pouvaient subvenir aux services dont elles avaient la charge. « Les hôpitaux étaient sans dotation et sans pain; dans plusieurs villes on avait été obligé de les évacuer et d'exposer les malades sur les places publiques à la charité des citoyens. Les halles, les hôtels-de-ville, les quais, les ports, privés d'entretien et de réparations, offraient partout des ruines déplorables (2) ». Et le rapport présenté par Auber au Directoire, en l'an VI, nous apprend qu'à cette date, la ville de Paris devait plus de trois millions dont 426.000 fr. pour l'éclairage, 445.000 fr. pour l'entretien du pavé, 408.000 fr. pour l'enlèvement des boues, etc. ; la commune ne pouvait faire face à ses dépenses que par

(1) Cet impôt qui pesait sur les commerçants fut d'abord établi en proportion du loyer et varia ensuite suivant le chiffre de la population.

(2) Rapport du directeur général des Droits Réunis à Gaudin, duc de Gaète, Ministre des finances. ROUSSET. *Histoire des imp. ind.* p. 326.

les avances successives que lui consentait le trésor national.

Auber, rapporteur de la commission des finances du Conseil des Cinq-Cents, concluait en proposant aux Directeurs l'établissement immédiat d'un octroi de bienfaisance, la détresse des hospices, l'interruption de la distribution des secours à domicile n'admettant plus aucun délai. Quelques jours plus tard, le conseil des Anciens déclarait l'urgence de la mesure proposée (1).

§ III. Rétablissement de l'octroi.

D'ailleurs, les communes demandaient elles-mêmes le rétablissement des anciennes taxes : l'expérience, on le voit, n'avait pas été inutile. La ville de Paris obtint, la première, satisfaction. La loi du 27 vendémiaire an VII (18 octobre 1798) instituait pour la capitale « un octroi municipal et de bienfaisance spécialement destiné à l'acquit de ses dépenses locales et de préférence à celle de ses hospices et secours à domicile ».

L'exemple de Paris ne tarda pas à être suivi, et bien-

_____

(1) Bien des préventions contre les impôts indirects avaient déjà disparu. Voir le discours du représentant Riou aux Cinq cents. STOURM. *Les finances de l'ancien régime et de la Révolution.* p. 300. — « Les taxes locales sur les denrées sont un moyen naturel et très ancien de pourvoir aux dépenses des communes, lorsque leurs revenus patrimoniaux ne suffisent pas. Mais avant la Révolution, les octrois ont été envahis par le fisc et gérés parfois par des mains inhabiles ou malhonnêtes. Au lieu d'en corriger les abus, on les a supprimés et les communes se sont trouvées en proie à des besoins auxquels il a été impossible de pourvoir. » — Discours du citoyen Cretel aux Anciens.

tôt la loi du 11 frimaire an VII prescrivit l'établissement
de taxes indirectes et locales dans toute commune formant
à elle seule un canton ou considérée comme telle, dont les
recettes ordinaires seraient insuffisantes pour fournir en
entier à ses dépenses. Les dites taxes devaient être soumises à l'approbation préalable du pouvoir législatif (1) et
les municipalités étaient invitées à faire en sorte « que le
mode de perception entraînât le moins de gênes qui se
pourrait pour la liberté des citoyens, des communications
et du commerce. »

Les octrois reparurent presque partout : *Bordeaux*,
23 nivôse an VII ; *Poitiers*, 28 prairial an VII ; *Nantes*,
9 prairial an VIII ; *Grenoble*, 17 vendémiaire an VIII ;
Brest, Tours, 24 vendémiaire an VIII ; *Reims, Lille, Metz,
Calais, Limoges, Épinal*, 27 frimaire an VIII.

Peu de temps après, la loi du 5 ventôse an VIII rendait
obligatoire la création d'octroi dans les villes où les hospices n'avaient pas de revenus suffisants. Le conseil municipal était tenu, dans ce cas, de présenter à l'approbation
du gouvernement les projets de tarifs et de règlements
nécessaires. — S'il refusait ou négligeait de délibérer,
s'il votait contre l'établissement de taxes reconnues indispensables, le pouvoir central s'arrogeait le droit de passer
outre et d'établir un octroi.

C'était là une grave atteinte portée à l'indépendance des
communes et à ce principe incontesté aujourd'hui que
l'initiative en matière d'impositions locales doit appartenir
aux municipalités intéressées. La considération du but
poursuivi et l'impérieuse nécessité du moment expliquent

(1) L'approbation appartient aujourd'hui au pouvoir exécutif, loi
du 5 ventôse, an VIII.

du moins cette mesure si elles ne la justifient pas entièrement.

Bientôt d'ailleurs, le Consulat, revenu aux erreurs de
l'ancienne monarchie, prétendait attribuer à l'État une
part dans le revenu des taxes communales(1). L'arrêté du
24 frimaire an XI obligeait les villes de plus de 4.000 habitants à verser au trésor le 5 °/₀ du produit de leur octroi,
et, en 1806, le gouvernement impérial étendait cette disposition aux villes qui, ayant moins de 4000 habitants, avaient
un revenu supérieur à 20.000 francs. — En même temps,
on portait le prélèvement au 10 °/₀. Pour justifier ce retour
à l'ancien état de choses, on disait que les droits perçus
au profit des villes étaient sensiblement accrus par la
consommation des troupes qui y tenaient garnison. (2)

La Restauration maintint le prélèvement et l'étendit à
toutes les communes. — Il ne fut supprimé que par le
décret du 17 mars 1852.

Les octrois avaient donc reparu, et avec eux l'ordre
dans les finances communales; mais le pouvoir central,
qui s'était réservé le droit d'autoriser et d'ordonner au
besoin le rétablissement des anciennes impositions, avait
eu le tort de ne prescrire à leur sujet aucune mesure de
réglementation. Le choix des objets à imposer, la fixation
des tarifs, avaient été laissés à l'arbitraire des municipalités; bientôt d'ailleurs, le mode de perception de l'impôt
occasionnait les mêmes plaintes que par le passé. — Le

(1) En Italie, le tiers environ du produit de l'octroi profite encore
à l'État. LEROY-BEAULIEU, Traité de la Science des finances. I,
p. 748.

(2) D'autres prélèvements furent également institués pour l'entretien des compagnies de réserve, pour la caisse des invalides. Mais
ceux-ci disparurent dès 1816. (art. 153 loi du 23 avril).

gouvernement dût intervenir. Le décret du 17 mai 1809
détermina limitativement les matières imposables, fixa les
attributions respectives de l'État et des assemblées locales,
et soumit les octrois au contrôle de l'administration des
droits réunis. Ce décret présente un certain intérêt historique. C'est, en effet, le premier essai de codification en
matière d'octroi, « le premier règlement général promul-
gué en vue de soumettre les divers règlements locaux à
des dispositions communes » (1). La plupart de ses articles ont même été maintenus par les lois postérieures. —
Trois ans plus tard, le décret du 8 février 1812 confiait à
la Régie le recouvrement des taxes d'octroi ; l'empereur
voulait ainsi éviter les désordres et les dilapidations qu'en-
trainait trop souvent la levée de cette contribution. Le
but était louable, mais les conseils municipaux perdaient,
dès lors, toutes leurs prérogatives : leur initiative était
nulle, puisque l'octroi pouvait être imposé à la commune
et le décret du 8 février leur enlevait le droit qu'ils avaient
conservé jusque là de fixer le mode et les règles de la perception (2).

Ce régime fut d'ailleurs de courte durée. La loi du 8 décembre 1814 et celle du 28 avril 1816 rendirent aux pouvoirs locaux l'initiative en matière de création d'octroi.
Désormais, aucune taxe de ce genre ne pourra être établie sans le consentement du conseil municipal (3). Celui-ci

(1) TURQUIN, *Manuel des octrois*, p. 155.
(2) Vicomte D'AVENEL, *Les octrois en France et à l'étranger*, p.
16 et 17.
(3) Ce point a été contesté même après 1816. Le doute cependant
ne paraissait guère possible en présence des termes de l'art. 147 de
la loi du 28 avril. « Toutes les fois que les revenus d'une commune
sont insuffisants pour satisfaire à ses dépenses, il peut y être établi

déterminera lui-même le mode de recouvrement de l'impôt :
régie simple, régie intéressée, bail à ferme, abonnement
avec l'administration des Contributions indirectes. Ses
décisions à cet égard sont sans appel, elles ne peuvent
être modifiées par l'autorité supérieure. Dans tous les cas,
la perception a lieu sous la surveillance du maire, du préfet et de la Régie.

Les principes posés par la loi de 1816 sont encore en
vigueur : les lois du 24 juillet 1867, du 2 août 1871, du 5
avril 1884 n'y ont apporté que des modifications de détail,
toutes se proposent le même but : développer l'autonomie
communale, et restreindre la part d'intervention du gouvernement. Celui-ci n'aura plus qu'un rôle de tutelle, ses
pouvoirs seront purement modérateurs.

Cette législation très libérale qui sauvegarde à la fois
les droits de l'État et l'indépendance des municipalités
n'a point empêché les critiques dirigées contre l'octroi de
se renouveler. Les adversaires de cette taxe indirecte
l'ont déclarée vexatoire, attentatoire à la liberté du citoyen,
contraire à la justice, fâcheuse pour la moralité publique
par les encouragements qu'elle donne à la fraude, nuisi-
ble au développement du commerce et de l'industrie ; ils
l'ont condamnée au nom de l'équité, au nom des intérêts
supérieurs du pays. Hâtons-nous de dire que les tentatives faites pour leur donner satisfaction n'ont pas répondu
aux espérances de leurs auteurs. En 1848 le gouvernement provisoire supprimait à Paris les droits perçus sur

sur la demande du conseil municipal un droit sur les consommations ».

La loi municipale du 5 avril 1884 a fait cesser toute controverse
à cet égard.

les viandes de boucherie et de charcuterie. Quatre mois plus tard on revenait à l'ancien tarif ; le seul résultat appréciable de cette réforme partielle était pour la capitale une perte de 5 millions de recettes. En 1870, le conseil municipal de Lyon votait la suppression complète de l'octroi. Cela dura 10 mois : la vie matérielle, pendant cette période, fut tout aussi chère que par le passé ; et le consommateur qui n'éprouvait aucune diminution dans le prix des denrées eût en outre à supporter les nouveaux impôts institués en remplacement des anciens. Les finances de la ville gravement compromises ne furent d'ailleurs rétablies que par le retour à l'état de choses aboli.

En présence de ces échecs venant s'ajouter à l'expérience désastreuse de 1793, il semble qu'on est en droit de conclure avec un défenseur de l'octroi que « la disparition de cette taxe indirecte a toujours correspondu à la ruine, son rétablissement à la prospérité financière des communes » — que « c'est un acte de précipitation et de colère qui abolit l'octroi, et, comme réparation toujours trop tardive pour les intérêts des villes, un acte de réflexion et de sagesse qui l'institue à nouveau (1) ». Que les municipalités désireuses de supprimer leurs taxes indirectes consultent l'histoire, elle leur dira les difficultés du problème et les défendra peut-être contre un entraînement irréfléchi pour des réformes inconsidérées.

(1) OLIBO, *Code des Contributions indirectes*, 2e vol. p. 62.

DEUXIÈME PARTIE

INCONVÉNIENTS DE L'OCTROI. — SES AVANTAGES.

CHAPITRE PREMIER

DES INCONVÉNIENTS DE L'OCTROI

Pour subvenir à leurs dépenses et soutenir leur crédit, les gouvernements ont recours à la fois aux taxes directes et aux taxes indirectes. Habilement combinées, elles permettent d'atteindre toutes les manifestations de la richesse et de faire contribuer ainsi tous les citoyens aux charges publiques. En même temps, elles ménagent leurs ressources ; l'existence simultanée de deux formes d'impositions atténue, en effet, dans la mesure du possible, les imperfections inhérentes à chacune d'elles. Et c'est pourquoi les législateurs se sont toujours efforcés d'associer l'impôt direct et l'impôt indirect (1) ; l'abandon momen-

------

(1) « Cédant ainsi, dit Thiers, à une prudence qui est de tous les temps, parce que dans tous les temps on a songé à ménager les peuples par intérêt autant que par humanité ». — THIERS, *De la propriété*. Chap. IV de l'impôt, p. 372. — « Toute souffrance épargnée, dit-il encore, laisse une place pour de nouveaux impôts », p. 343.

tané de cette règle de conduite lors de la Révolution
française donna lieu à de cruels mécomptes (1).

Les villes ont, jusqu'à ce jour, suivi l'exemple de l'État.
Les revenus qu'elles tirent de leurs domaines, les presta-
tions, les centimes additionnels ou autres taxes directes,
les impositions indirectes sous forme d'octrois leur ont
permis d'équilibrer leurs budgets et d'améliorer les divers
services publics dont elles ont la charge, sans occasionner
de trop lourds sacrifices au contribuable. Cet état de
choses paraît intolérable à beaucoup : l'octroi qui compte
peu de partisans a de nombreux détracteurs, et les améliorations successives apportées dans son fonctionnement
n'ont pas réussi à les désarmer. Les critiques d'ailleurs ne
sont pas nouvelles. Elles n'ont que très peu varié, depuis
le jour où Turgot, alors intendant du Limousin, écrivait :
« Dispendieux dans sa perception, cet impôt entraine une
foule de gènes et de procès, une tentation continuelle à
la fraude, il attaque en mille choses la liberté : c'est un
droit abusif dont se servent les villes pour se procurer
des ressources au détriment des campagnes. » (2) L'octroi
cependant ne nous paraît pas mériter tout le mal qu'en
disent ses adversaires. Il a ses inconvénients, il a aussi
ses avantages, et par là il ressemble à tous les impôts.
Reprenant les critiques formulées contre lui, nous recher-
cherons la part de vérité et la part d'exagération qu'elles
renferment, et nous nous demanderons si la suppression
de cette taxe locale est désirable, si elle est possible.

(1) « Telle est l'histoire de la suppression des impôts indirects : la
banqueroute d'abord, la nécessité de les rétablir ensuite. » THIERS,
De la propriété. Chap. IV de l'impôt.

(2) LÉON SAY, *Dictionnaire d'économie politique.* V. octroi, op.
citée.

Nous étudierons également les règles auxquelles la législation actuelle soumet soit l'établissement soit l'abolition des taxes d'octroi.

§ Ier. L'octroi est vexatoire.

Les formalités exigées pour la levée de l'impôt constituent un des principaux griefs formulés contre lui. Les visites et les perquisitions qu'il nécessite aux barrières des villes portent atteinte à la liberté. Elles sont incommodes et blessantes pour celui qui en est l'objet. A en croire M. Frédéric Passy, l'octroi est une contribution qui se paie trois fois : en argent, en temps, en vexations (1).

Est-ce donc là une particularité spéciale aux taxes d'octroi, et toutes nos contributions ne méritent-elles pas à des degrés différents le même reproche ? En est-il une que le débiteur acquitte de bonne grâce et dont le recouvrement ne soit accompagné pour lui d'aucune gène, d'aucune perte de temps, d'aucune inquisition de la part du fisc. L'impôt est par sa nature même une atteinte à la liberté ; c'est une restriction apportée aux droits de chacun dans l'intérêt de tous, restriction nécessaire, mais incommode toujours par quelque côté. Nos adversaires insistent avec complaisance sur les recherches plus ou moins minutieuses qui sont inséparables du paiement de l'octroi. Combien cet inconvénient paraît léger, comparé à ceux que présente parfois le recouvrement des taxes directes : nous voulons parler des contraintes et des saisies qu'occasionne au débiteur tout retard dans l'acquittement de ses obligations. Thiers estimait avec raison que l'impôt direct est

(1) Chambre des Députés. Séance du 11 mars 1889. Rapport Y. Guyot. Rapport Guillemet.

le plus brutal et le plus vexatoire de tous, parce qu'il exige à jour fixe, à une heure déterminée, une somme que le redevable n'a pas toujours la précaution d'économiser (1).

§ II. L'octroi est une entrave aux échanges.

Mais l'octroi n'est pas seulement vexatoire, il constitue aussi une sérieuse entrave à l'échange des produits. Par les obstacles de toute nature qu'il apporte à la circulation, par les formalités qu'il exige, les pertes de temps qu'il entraîne, il nuit à la prospérité générale. Il fait de la commune qu'il entoure un îlot séparé du reste du territoire, et aux intérêts généraux de la nation oppose ainsi les intérêts particuliers d'une localité. Le plus souvent les tarifs affectent un caractère protecteur : le commerce et l'industrie urbaine voient dans la taxe un moyen commode de lutter contre la concurrence des centres voisins et les municipalités imaginent, dans ce but, tout un ensemble de droits prohibitifs destinés à repousser les produits étrangers. Si les douanes aux frontières se comprennent, les octrois aux portes des villes sont condamnés, ils doivent disparaître comme ont disparu les barrières qui isolaient jadis les provinces les unes des autres (2).

Que l'octroi nuise à la liberté des échanges, le fait n'est pas douteux. Il est certain aussi que l'agriculture, que le

(1) THIERS, *De la propriété*. Chap. IV.

(2) Y. GUYOT. Rapport à la Chambre des Députés sur la suppression des octrois. Annexe au p. v. de la séance du 17 décembre 1888.

GUILLEMET. Rapport à la Chambre sur la suppression des octrois. Annexe au p. v. de la séance du 7 avril 1892. « Les marchandises qui ne trouvent plus devant elles les obstacles naturels qu'on est parvenu à vaincre sur tous les points du territoire sont arrêtées par des obstacles artificiels souvent plus difficiles à franchir ». p. 817.

commerce et l'industrie auraient tout à gagner à ce que
la circulation fût affranchie de toute entrave. Mais cet
heureux résultat ne serait pas obtenu après l'abolition de
notre taxe locale et la disparition des 300 millions qu'elle
fournit aux communes. Aussi longtemps que l'État percevra pour son propre compte des impôts à l'entrée des villes,
aussi longtemps que le transport des boissons sera assujetti à des règles précises, les barrières subsisteront en
partie et le libre-échange à l'intérieur n'existera pas. C'est
dire que pour être réellement efficace, la mesure proposée
devrait comporter non seulement la suppression de l'octroi,
mais la disparition de la majeure partie de nos contributions indirectes.

D'ailleurs, les inconvénients signalés ont-ils bien toute
la gravité qu'on prétend? Les formalités prescrites sont-
elles si compliquées et si gênantes ; la perte de temps
éprouvée est-elle si considérable qu'elle puisse causer un
préjudice sensible et constituer un danger sérieux pour la
liberté du commerce ? Il y a un peu plus d'un siècle, les
mêmes plaintes se faisaient entendre contre le régime des
octrois. S'inspirant des théories économiques de Quesnay
et des physiocrates, les Constituants de 1789 voyaient
dans les taxes indirectes le seul obstacle réel apporté au
développement de la richesse publique. D'après eux, l'abolition de tous les droits perçus à l'entrée des villes s'imposait. Elle seule pouvait donner à notre industrie les débouchés dont elle avait besoin et dégager le commerce de
toutes les entraves qui arrêtaient ses progrès. En multi-
pliant les échanges, en favorisant les relations entre les
villes et les campagnes, elle devait être pour les unes et
pour les autres une source de prospérité. Les taxes indirectes et l'octroi disparurent. Le résultat, on le sait, fût

loin de répondre aux espérances que l'on avait conçues, et le retour à l'état de choses aboli s'imposa lorsqu'on voulut rétablir l'ordre dans les finances communales.

En réalité, les critiques formulées par les économistes du XVIII siècle s'adressaient moins au principe même de l'octroi et des impôts indirects qu'aux abus de toute sorte qui résultaient alors de leur perception. Turgot, Vauban, Boisguillebert avaient dénoncé les inconvénients qui résultaient alors de la multiplicité et de l'exagération des tarifs (1). Ils avaient montré le préjudice apporté au développement du commerce par l'existence des douanes intérieures et flétri fort justement les immunités et les priviléges qui faisaient retomber sur le menu peuple tout le fardeau de l'impôt (2).

(1) « Les tarifs ont le défaut d'être conçus en termes vagues et incertains. On est presque toujours obligé de les interpréter par des usages qui varient suivant que les fermiers sont plus ou moins avides, les officiers municipaux plus ou moins négligents. » Lettre de Turgot au Contrôleur général sur la réforme des droits d'octroi. Limoges, 9 novembre 1772.

(2) « Il règne dans presque tous ces tarifs un vice plus important encore à détruire ; c'est l'injustice avec laquelle presque tous les bourgeois des villes auxquelles on a accordé des octrois ont trouvé le moyen de s'affranchir de la contribution aux dépenses communes pour la faire supporter en entier aux plus pauvres habitants. — *Comme les droits ont toujours été accordés sur la demande des corps municipaux et comme le gouvernement, occupé de toute autre chose, a presque toujours adopté sans examen les tarifs qui lui étaient proposés, il est arrivé presque partout qu'on a chargé de préférence les denrées que les pauvres consomment. Si,* par exemple, on a mis des droits sur les vins, on a eu soin de ne les faire porter que sur ceux qui se consomment dans les cabarets et d'en exempter ceux que les bourgeois font venir pour leur consommation. On a pareillement exempté les denrées que les bourgeois font venir du cru de leurs

Mais les vices de cette organisation financière n'existent plus qu'à l'état de souvenir, et les adversaires de l'octroi se trompent étrangement, lorsqu'ils prétendent trouver, dans les écrits du siècle passé, la justification de leurs projets de réforme. Vauban disait en 1707 : « Les impôts sur les passages et les sorties du royaume sont si multipliés que le propriétaire et le paysan aiment mieux laisser périr les denrées chez eux que de les transporter avec tant de risques et si peu de profit. » M. Édouard Cohen, à qui nous empruntons cette citation (1), est-il bien convaincu qu'elle lui fournit la condamnation du droit d'octroi moderne ? Et pense-t-il trouver à notre époque beaucoup de paysans aussi timorés, aussi pusillanimes que le paysan dont parlait Vauban, il y a près de deux siècles ? Sans doute, M. E. Cohen estime avec MM. Yves Guyot et Guillemet que l'octroi constitue une douane intérieure, mais c'est méconnaître complètement le but et le caractère des taxes actuelles. Celles-ci n'ont rien de commun avec les traites intérieures de l'ancienne monarchie qui guettaient les marchandises sur tous les points du territoire et isolaient les unes des autres les différentes parties de la nation. Les droits de traite qui existaient alors con-

biens de campagnes. » TURGOT, *lettre précitée* du 9 novembre 1772.

Turgot concluait. « Le résultat de ces observations doit être de chercher à mettre en règle la perception des droits d'octroi, d'obliger les villes à corriger leurs tarifs, à fixer les droits d'une manière claire, précise, qui prévienne les interprétations arbitraires et les contestations qui en naissent, enfin, de supprimer les privilèges odieux que que les principaux bourgeois se sont arrogés au préjudice des pauvres. *Puisqu'il faut qu'il y ait des droits d'octrois, il faut du moins que ces droits soient établis de la manière qui entraîne le moins d'inconvénients.* »

(1) E. COHEN, Le *budget*, p. 260.

curremment avec les droits d'octroi n'avaient ni la même
origine ni la même affectation que ceux-ci (1). Ils donnè-
rent lieu aux pires abus, non seulement par l'élévation et
l'infinie variété de leurs tarifs, qui atteignaient des produits
de première nécessité, tels que les grains et les farines,
mais surtout par le nombre exagéré de perceptions qu'ils
occasionnaient. Les droits étaient exigibles à l'entrée et à
la sortie, et toutes les fois qu'une denrée passait d'une province dans un autre, souvent même d'une seigneurie dans
la seigneurie voisine elle acquittait l'impôt. On comprend
les inconvénients d'un pareil système, les entraves qu'il
apporta toujours au développement des relations commerciales, et les plaintes légitimes qu'il suscita.

Les douanes intérieures ont depuis longtemps disparu ;
et « si de nos jours, dit M. Sestier, un bateau chargé de
vins du Languedoc, du Dauphiné ou du Roussillon avait
encore à remonter le Rhône pour arriver au cœur du pays
par le canal de Briare, il n'aurait plus, comme par le
passé, à stationner devant quinze ou seize bureaux de
péage pour satisfaire aux exigences d'une fiscalité oppres-
sive et rapace » (2). — L'octroi n'atteint les objets assujettis qu'au moment où ils vont être consommés, et les
marchandises qui ne font que traverser la commune, cir-
culent aujourd'hui en franchise (3). Ce caractère du régime actuel méritait d'être signalé ; il suffit à lui seul à
distinguer nettement deux époques bien différentes de

(1) Sur les douanes intérieures. Consulter GOMEL, *Les derniers
contrôleurs généraux*, p. 86, et suiv. STOURM, *Les finances de
l'Ancien Régime et la Révolution*. Paris, 1885, 1 p. 470.
(2) *Dictionnaire des Finances*. Léon SAY, au mot Contributions
Indirectes, art. de M. Sestier.
(3) Loi du 27 frimaire an VIII.

notre histoire et deux institutions qui n'ont entre elles que de fort lointaines ressemblances.

Faut-il dire, du moins, comme le prétend M. Yves Guyot sur la foi de M. Frère Orban, que l'octroi constitue pour les villes un instrument de protection (1), qu'il occasionne entre elles une guerre incessante de tarifs, guerre à l'état latent sans doute, mais des plus pernicieuses, qu'il est ainsi une véritable atteinte portée à l'unité de la nation? Il paraît bien qu'il en était trop souvent ainsi en Belgique avant la réforme de 1860 (2). La plus grande liberté avait été laissée aux communes qui en profitaient pour écarter de leur territoire les produits étrangers. Mais en France, le choix des matières imposables, de même que la fixation des droits exigibles n'est pas laissé à l'arbitraire des municipalités. On reconnaît que les principes du droit de douane et du droit d'octroi sont tout à fait différents; et le Conseil d'État, qui veille à ce que cette distinction soit maintenue dans la pratique, repousse avec soin toute tentative de protectionnisme local. Il ne fait en cela que se conformer aux dispositions des lois et des décrets en vigueur. — L'article 24 de l'ordonnance du 9 décembre 1814 stipulait déjà que « les objets préparés, récoltés ou fabriqués

(1) « Certaines communes, dit M. Y. Guyot, établissent leurs droits d'octro. manière a se protéger contre telles ou telles industries qui se sont développées à côté d'elles. M. Frère Orban a constaté le fait. » Chambre des Députés, 26 février 1889. L'observation de M. Frère Orban est peut être insuffisante pour apprécier ce qui se passe en France.

(2) L'inconvénient existe aussi en Italie, où certaines communes pour protéger les industries locales, l'ébénisterie par exemple, mettent un droit de 20 0/0 sur les meubles provenant de l'extérieur. Leroy. Beaulieu Sc. des F. I. p. 73.

dans l'intérieur de la commune seraient toujours assujettis
par le tarif aux mêmes droits que ceux introduits de l'extérieur ». C'est une pensée analogue qui inspirait la circulaire du Directeur général des contributions indirectes
en date du 1 juin 1823... « Les villes, disait-elle, seraient
dans l'erreur si, croyant pouvoir s'isoler du système général d'administration, elles voyaient dans la taxe locale un
droit de douane destiné à protéger leur industrie intérieure
contre l'introduction des matières fabriquées au dehors ».—
La législation admettait toutefois une exception. L'art. 14
de l'ordonnance de 1814 décidait que « dans les pays
où la bière était la boisson habituelle et générale celle im-
portée pouvait être taxée au maximum 1/4 en sus du droit
sur la bière fabriquée à l'intérieur ». Cette exception elle
même a disparu. Elle a été formellement abrogée par le
décret du 12 février 1870 qui porte dans son article 10
« qu'en aucun cas les objets inscrits au tarif ne pourront
être soumis à des droits différents en raison de ce qu'ils
proviendraient de l'extérieur ou de ce qu'ils auraient été
récoltés ou fabriqués dans l'intérieur du lieu sujet » (1).

---

(1) Ce qui n'empêche pas M.Y. Guyot de déclarer que certaines villes
frappent la bière d'une taxe plus forte, quand elle est fabriquée hors
barrière que lorsqu'elle est fabriquée en ville. M. Guyot connait la
loi de 1814, mais ignorerait-il les changements survenus depuis dans
la législation ? Et le décret de 1870 lui serait-il étranger ? Pour bien
établir que l'octroi constitue un droit protecteur, il invoque une délibération du conseil municipal de Paris du 20 octobre 1888. *Chambre
des Députés. Déb. parlem.* 26 février 1889, p. 445. La question n'est
pas de savoir ce qu'a pu décider le conseil municipal. Il faudrait dire
si une décision émanée de lui et contenant des mesures protection-
nistes a été approuvée par décret en conseil d'État. Là est toute
la question. Il est bien évident que les assemblées locales laissées
à elles-mêmes chercheraient trop souvent dans les tarifs d'octroi un

Les produits de la commune sont donc imposés au même
titre et dans les mêmes conditions que ceux des communes voisines. L'inconvénient signalé en Belgique n'est
pas à redouter chez nous. En France, toutes les pré-
cautions ont été prises pour conserver à l'octroi son
véritable caractère et pour empêcher que des municipalités imprudentes ne transforment en droit protecteur un
droit purement fiscal.

Nous reconnaissons d'ailleurs, avec M. Yves Guyot, que
la législation des octrois n'est pas uniforme ; que toutes
les villes n'ont pas le même tarif, que certains objets sont
imposés dans l'une qui sont exempts de droits dans l'autre (1), mais nous ne croyons pas que cette situation
puisse porter atteinte à l'unité matérielle ou morale du
pays. Nous estimons que l'unification du territoire n'est
pas mise en péril par l'existence du droit d'octroi tel qu'il
est régi actuellement. Certes, il existe des différences
dans la réglementation de l'impôt. Mais c'est cette diversité même dans le choix des matières imposables, dans le
mode de perception adopté, dans les tarifs établis, diversité voulue par le législateur et restreinte par lui dans
des limites raisonnables qui fait l'excellence de l'octroi.
Est-ce que toutes les villes ont la même importance,
est-ce qu'elles ont toutes les mêmes ressources ; est-
ce que leurs richesses, leur commerce, leur industrie
ne diffèrent pas sensiblement ? Est-il étrange que
les taxes de consommation qui conviennent à l'une
ne conviennent pas à l'autre? Les conseils municipaux

moyen de protéger le commerce et l'industrie de la ville contre la
concurrence voisine. Mais l'intervention de l'administration et du
gouvernement est un sûr garant de l'insuccès de ces tentatives isolées.

(1) Rapport Y. Guyot.

les établissent suivant des nécessités reconnues, au mieux
des besoins de la commune et de ses habitants. N'en sont-
ils pas en effet les meilleurs juges, et la nécessité de l'approbation supérieure n'est-elle pas une garantie suffisante
que les intérêts généraux du pays seront toujours sauve-
gardés (1) ?

§ III. L'octroi n'est pas proportionnel.

« Les sujets d'un État, a dit Adam Smith, doivent contribuer au soutien du gouvernement en raison de leurs
facultés, c'est-à-dire en proportion du revenu dont ils
jouissent sous la protection de l'État (2) ». L'équité
n'exige pas seulement, en effet, que chaque citoyen supporte une part quelconque des charges publiques, elle
veut, avant tout, que chacun soit imposé suivant ses ressources. A ce titre, l'octroi doit être condamné, car il
n'est pas proportionnel aux facultés de chacun, il pèse
sur le pauvre, plus que sur le riche.

Ce reproche n'est pas spécial à l'octroi, on l'adresse également à tous les impôts de consommation, et il a servi de
thème à nombre d'orateurs pour en demander la suppres-

_____

(1) « Il n'est pas nécessaire pour que la France soit une, pour que
tous les Français vivent sur le sol d'une même patrie, que toutes-les
communes de France soient administrées de la même façon pas plus
qu'il n'est possible que tous les sols, tous les climats, tous les habitants
se ressemblent ». FRED. PASSY, Ch. des Députés 11 mars 1889. —
« C'est, dit M. le vicomte d'Avenel, le meilleur titre des octrois, d'être
des impôts locaux dont les citoyens d'une ville se grèvent parce qu'ils
en éprouvent le besoin, qu'ils augmentent ou diminuent selon leurs
nécessités. » — D'AVENEL. Les octrois en France et à l'étranger.
(2) ADAM SMITH. Richesse des nations, livre 5, chap. 2.

sion totale, mais nous irons plus loin. La vérité oblige à reconnaître qu'aucune taxe ne satisfait rigoureusement aux principes établis par Adam Smith. Il s'en faut que l'impôt direct par excellence, c'est-à-dire l'impôt foncier, soit proportionnel au revenu du citoyen (1). Chacun ne sait-il pas qu'il donne lieu, de département à département, de commune à commune, aux pires inégalités ? L'impôt mobilier est basé sur la valeur locative de l'appartement occupé par le contribuable. On estime, en effet, que chacun se loge suivant ses moyens. Mais cette relation qu'on prétend établir entre le logement et la fortune n'est pas toujours exacte. La contribution est proportionnelle aux charges plus encore qu'aux revenus, et grève d'autant plus la famille qu'elle est plus nombreuse. L'impôt des patentes, l'impôt des portes et fenêtres qui viennent de superposer aux précédents ne nous donneront pas non plus cette proportionalité que nous demandons vainement aux taxes directes comme aux taxes indirectes.

L'impôt rigoureusement proportionnel n'existe pas.

Les défenseurs de notre régime fiscal observent, d'ailleurs, fort justement, que « dans un système d'impôts multiples, la stricte équité doit être cherchée dans l'ensemble des taxes et non dans chaque taxe particulière (2) ». Les détracteurs de l'octroi ne tiennent compte que de cette seule imposition, et sous le prétexte qu'elle n'est pas exactement proportionnelle aux ressources de chacun, ils con-

(1) BLOCK. *Revue générale d'administration.* 1878. III, p. 332.
(2) LEROY-BEAULIEU. *Traité de la Science des Finances.* (1891). 1. p. 223. — Ad. Smith a dit de même. « L'impôt a reçu diverses formes parce que les gouvernements n'ont pu taxer équitablement toutes les fortunes d'une même manière ». — BLOCK. *Revue générale d'administration*, 1878. III, p. 324.

sidèrent comme une vérité démontrée la nécessité de sa
disparition. Raisonner ainsi c'est oublier toutes les autres
contributions qui servent de compensation à l'octroi, c'est
oublier que cette taxe indirecte fait partie de tout un mécanisme fiscal qui doit être jugé dans son ensemble plus
encore que dans ses parties. Il n'est point de système financier qui ne pèche par quelque côté, et la meilleure garantie contre l'inégalité et l'injustice réside encore dans la
multiplicité des taxes. En les combinant, les imperfections
s'atténuent sensiblement, les inconvénients disparaissent
en partie, l'impôt moins arbitraire est aussi plus facile à
supporter, en même temps il remplit mieux son but qui
est d'atteindre tout le monde.

Ces remarques faites, examinons l'objection.

L'octroi, s'il eût porté seulement sur les consommations de luxe, eut été peu productif. Il n'eut atteint qu'un
nombre d'objets très limité et d'un usage très restreint
parce qu'il n'est pas indispensable ; et le contribuable,
pouvant s'abstenir de consommer, aurait évité par là
même le paiement de l'impôt. On a dû, par suite, soumettre aux droits des denrées nécessaires à tous : riches et
pauvres en ont un égal besoin, ils paieront donc une
somme égale sans qu'il soit tenu compte de leurs ressources respectives. — « Il est bien évident, dit M. Guillemet, que tous les habitants d'une ville font à peu près la
même consommation, que tous paient, à quelque chose
près, la même somme d'impôts indirects (1) ». C'est une
idée analogue que nous trouvons exprimée par J. B. Say.
« Les droits sur les consommations, dit-il, sont nécessai-

(1) Rapport Guillemet. *Doc. parlem. de la Chambre.* 1892.
p. 817.

rement proportionnels à la quantité des marchandises consommées, et, comme cette quantité ne peut suivre la proportion de la fortune, il en résulte que ce genre d'impôt tombe sur le contribuable d'autant plus qu'il est moins riche ». « L'octroi, dit Stuart Mill, ne peut donner un grand revenu sans peser fortement sur la classe ouvrière des villes (1) ». Et une simple opération arithmétique suffit aux adversaires du régime fiscal actuel pour déterminer la part contributive de chaque habitant dans le rendement de l'impôt.

En 1886, disent-ils, par exemple, l'octroi a produit à Paris 134.548.000 francs. Il y a dans cette ville 2.345.000 habitants. Chacun d'eux abandonne à la ville 57 fr. 38, soit environ 230 francs pour un ménage de quatre personnes, ce qui est la moyenne dans la classe ouvrière.

Ainsi donc, l'octroi demanderait exactement autant aux familles aisées et opulentes qu'aux familles nécessiteuses. Sur le superflu du riche et sur le nécessaire du pauvre il prélèverait la même somme.

M. Paul Leroy-Beaulieu et avec lui tous les défenseurs de l'impôt indirect ont vivement combattu « l'étrange répartition purement arithmétique » à laquelle nous venons de faire allusion. Avec le concours de M. Ernest Brelay dans « l'Économiste français » et « le Monde Économique » il s'est attaché à montrer combien était fausse cette conception qui fait de l'octroi un véritable impôt de capitation (2). Il fait tout d'abord observer que le calcul présenté

_____

(1) Guignard, opinion citée, p. 71.

(2) « Ceux qui raisonnent ainsi, dit M. Block, oublient volontairement deux choses : 1º que le riche consomme richement et le pauvre pauvrement, et que les taxes sont en proportion. 2º que pour juger les impôts et que pour comparer les charges, il faut mettre la totalité

plus haut soulève une objection de principe en ce qu'il ne tient aucun compte de la population flottante. Paris, comme toutes les grandes villes, est chaque jour visité par de nombreux étrangers qui abandonnent à l'octroi des sommes importantes, lesquelles atténuent, dans une certaine proportion, la part contributive de chaque habitant. Les chiffres donnés précédemment ne sont donc pas rigoureusement exacts. Il faudrait augmenter le dividende et diminuer le quotient.

M. Leroy Beaulieu démontre ensuite que si la taxe locale n'est pas exactement proportionnelle au revenu du contribuable, elle a cependant un certain rapport avec la fortune de chacun ; que pour tous les genres de consommation, l'homme riche, aisé, opulent se montrent, chacun en proportion de ses ressources, plus large que l'homme dont les salaires sont modestes. N'est-il pas évident que le premier habitué au luxe, à l'élégance dont la vie est une suite de fêtes et de plaisirs, contribue à l'octroi dans une bien plus large part que le bourgeois modeste ou l'ouvrier besogneux. Il paiera plus pour lui-même d'abord, pour ses amis, pour ses parents, pour le personnel domestique qu'il entretient.

D'ailleurs, tous les articles de consommation ne peuvent

des impôts du riche en regard de la totalité des impôts du pauvre ». — « Chacun, ajoute-t-il, monte son ménage et organise ses dépenses à peu près selon ses moyens, le riche dépensera beaucoup, le pauvre se restreindra, les autres se classeront entre les deux extrêmes. On paiera ainsi approximativement selon ses facultés. » M. Block. *Les progrès de la science économique depuis Adam Smith*. Guillaumin 1890. II, p. 413. — *Revue générale d'administration*. 1878. III. LEROY-BEAULIEU. *Traité de la Science des finances*, préface de la 3e édition juin 1883.

être taxés. Le choix des matières imposables n'a pas été
laissé à l'arbitraire des municipalités. Les denrées indispensables à la vie telles que le blé, les grains, les farines,
le lait, les légumes sont affranchies de l'impôt (1). Les
droits sur les viandes communes qui entrent seules dans
l'alimentation des classes indigentes doivent rester très
modérés. Au contraire, les poissons recherchés, les viandes
de choix, le gibier peuvent être et sont effectivement soumis à des taxes élevées. Avec Montesquieu, on reconnaît « que l'impôt ne doit pas être établi sur les objets
de première nécessité et qu'il doit être d'autant plus fort
sur les autres qu'ils s'éloignent davantage de la première
nécessité (2) ». Il est, enfin, toute une série d'impositions
qui n'atteignent en rien la classe ouvrière ; nous voulons
parler des droits sur les fourrages, sur les matériaux de
construction, sur les combustibles employés dans l'industrie (3). Lors de l'enquête ouverte en 1894 par la commis-

(1) Ce qui n'empêche pas M. Cohen de déclarer « Les droits d'octroi
établis sur des objets de première nécessité le blé, les farines, les
légumes sont très lourds pour les classes inférieures dont ils suren-
chérissent le nécessaire, ils sont au contraire à peine sensibles pour
les classes aisées dont ils n'atteignent que le superflu. » COHEN, Le
Budget, p. 260. M. Guignard dit également « Les droits d'octroi
sont un impôt progressif à rebours parce qu'ils sont plus faibles sur
les objets de luxe que sur ceux de première nécessité. » De la suppression des octrois, p. 73. —Voir à ce sujet les articles précités de
M. Leroy-Beaulieu et sa déposition devant la commission du Sénat.
Consulter également la déposition de M. le Préfet de la Seine. Rapport Bardoux. Doc. parlem, 1883, page 730.

(2) MONTESQUIEU. Esprit des lois, livre XIII.

(3) « Ce qui n'est pas admissible, c'est de se livrer à propos des
octrois au bavardage enfantin de nombre d'anciens économistes qui,
négligeant une analyse détaillée et complète, représentaient les frais

sion du Sénat chargée de l'examen de la proposition de loi
votée par la Chambre et relative à la suppression des
octrois, M. le Préfet de la Seine estimait que sur
150 millions produits par l'octroi de Paris, la charge commune à la population aisée et à la population ouvrière ne
s'élevait en réalité qu'à 95 millions (1).

Dans cette somme, les droits sur les boissons figurent
au premier rang. Pour l'ensemble de la France, ils représentent environ 43 0/0 du rendement total de l'impôt. Ils
se sont élevés en 1892 à 136 millions pour une recette
totale de 312,850,000. Dans ce chiffre, Paris figure à lui
seul pour plus de 65 millions (2).

De l'aveu de tous, ceux de ces droits qui frappent les
vins, les cidres, les bières, principalement à Paris, sont
exagérés. Ils atteignent des articles de première nécessité
et qui forment une partie importante de l'alimentation des
classes ouvrières. Cet inconvénient se fait même d'autant
plus vivement sentir qu'ils ne sont pas proportionnés à la
valeur de la denrée sujette. C'est une remarque souvent
faite que l'octroi n'établit aucune différence entre les vins
ordinaires et les vins de choix. Or, n'est-il pas contraire
à la raison et à l'équité que les premiers qui constituent
à eux seuls la consommation du pauvre supportent les

de perception des droits d'octroi comme doubles ou triples de ce qu'ils
sont réellement, qui ne s'informant même pas de la nature des objets taxés, de ceux laissés indemnes, des quotités de la taxe sur chaque objet, allaient répétant que les droits d'octroi sont des impôts de
capitation, ou même mieux des impôts progressifs à rebours. Nulle
proposition n'est plus contraire aux faits ni plus antiscientifique. »
LEROY-BEAULIEU, *Economiste français*, 9 janvier 1892.

(1 et 2) Rapport Bardoux — Sénat *Doc. parlem.* 1893, p. 716 et
730.

mêmes taxes que les produits de luxe réservés aux riches.

Pour tous ces motifs, on semble aujourd'hui d'accord sur la nécessité d'un dégrèvement au moins partiel des bois- sons hygiéniques. C'est l'opinion que soutient depuis long- temps dans l'*Économiste français*, M. Leroy-Beaulieu (1). C'est celle qu'il a développée ainsi que M. le préfet de la Seine devant la commission sénatoriale. Il est certain qu'une réforme ainsi accomplie ferait disparaître les plus sérieux inconvénients des impositions actuelles et qu'elle aurait pour effet d'améliorer les conditions d'existence de la classe ouvrière. La commission du Sénat est entrée ré- solûment dans cette voie. Le rapport déposé en son nom par M. Bardoux conclut au maintien du régime existant; en même temps, il autorise les communes à supprimer tous les droits sur les boissons hygiéniques. A défaut d'une abolition totale qu'il n'impose pas, le projet prescrit une diminution obligatoire dans les tarifs.

L'exposé des motifs nous indique clairement les mobiles qui ont inspiré la commission. — « Il convient, dit M. Bar- doux, de donner à la viticulture l'encouragement que ses efforts méritent, d'assurer aux moins fortunés une bois- son qui soit à meilleur prix et de faire en sorte que la fa- brication des breuvages malsains disparaisse devant le bon marché des vins naturels (2) ».

L'accroissement qui se produirait dans la consomma- tion ne compenserait, il est vrai, que dans une très faible mesure, le vide causé par la réforme; mais l'équivalent des droits supprimés pourrait être demandé à la fois : 1° à

(1) Voir l'*Economiste français* des 9 et 16 janvier 1892, des 23 et 30 avril suivants.
(2) Rapport Bardoux. — p. 721.

une élévation des taxes frappant certains objets inscrits actuellement aux tarifs, 2° à l'établissement de licences municipales sur les débitants de boissons, 3° à une augmentation des impositions directes, 4° à un relèvement des droits sur l'alcool. L'alcool fournit aujourd'hui une dizaine de millions à la capitale; il entre pour plus de trente-deux millions dans le produit total de l'impôt. Tout le monde reconnaît que les inconvénients pratiques qu'il présente en font une matière essentiellement imposable. Au double point de vue hygiénique et fiscal, il semble juste qu'il soit appelé à rétablir, au moins en partie, l'équilibre détruit par les dispositions nouvelles.

L'existence au profit de la classe ouvrière de certaines immunités spéciales atténue, d'ailleurs, le préjudice que peut lui causer l'élévation des droits sur les boissons. Dans les villes importantes, il arrive parfois que l'impôt personnel mobilier est acquitté en tout ou partie, par des prélèvements opérés sur le produit de l'octroi. A Paris, notamment, les logements de 500 francs et au-dessous sont affranchis de la cote mobilière et des centimes additionnels qui l'accompagnent : M. le Préfet de la Seine évalue à 558.000 le nombre des loyers ainsi exemptés. N'est-ce pas là un véritable privilège en faveur de la population indigente ?

Il est, en outre, toute une série d'institutions dont elle est seule appelée à se servir. Nous voulons parler des asiles, des hospices, des hôpitaux (1). Les dépenses ainsi occa-

(1) Les dépenses de l'assistance publique à Paris s'élèvent à 45 millions. Celles de l'enseignement gratuit dont bénéficie surtout la population ouvrière à 27 millions. Déposition de M. le Préfet de la Seine devant la commission du Sénat. Rapport Bardoux, p. 731. Voir

sionnées profitant presque uniquement au monde des travailleurs, est-il étrange qu'il soit appelé d'une manière ou
d'une autre à en payer sa part ? M. Ernest Brelay estime
que si l'ouvrier contribue par l'impôt indirect au budget
communal, cette participation due par tout citoyen, constitue, en réalité, une prime d'assurance contre l'ignorance
et contre la misère (1).

Enfin, il ne faut pas oublier que les salaires croissent avec
le prix des choses nécessaires à la vie. Le travailleur,
payant plus cher les denrées qui lui sont indispensables, rejettera sur son patron une part plus ou moins
considérable de l'impôt. C'est là, sans doute, un fait dont il
ne faut pas exagérer l'importance. Il ne faut pas poser en
principe que les taxes indirectes dont l'ouvrier fait l'a-
vance lui sont remboursées par celui qui l'emploie (2). La
règle n'est pas aussi générale et les conséquences de l'impôt sont loin d'être aussi absolues. Trop de causes influent
sur la rémunération du travail et les besoins des salariés ne
constituent qu'un des éléments de fixation du salaire. Celui-ci est intimement lié à la richesse générale du pays,
aux événements politiques, aux circonstances économiques
du moment. Il dépend aussi et surtout de la grande loi
de l'offre et de la demande. Si les travailleurs se présentent en trop grand nombre, beaucoup resteront sans ouvrage et ceux qui trouveront un emploi n'obtiendront pas

les articles de M. BRELAY, *Monde économique*, 10 novembre et
8 décembre 1894.

(1) E. BRELAY, *Monde économique* 8 décembre 1894. — *Économiste français* 19 décembre 1891.

(2) « En définitive, dit J.B. Say, les impôts tombent sur ceux qui ne
peuvent s'y soustraire. » GUIGNARD, opinion citée p. 70.

toujours la rétribution à laquelle ils pourraient prétendre.
Il est certain cependant, que d'une façon générale, les trai-
tements augmentent quand les besoins augmentent : si
l'octroi rend l'existence plus coûteuse, le taux moyen
du salaire s'accroît en proportion (1).

Cette émigration ininterrompue des populations rurales
vers les villes, que beaucoup de bons esprits considèrent
avec inquiétude, est une preuve manifeste que la classe
pauvre vit mieux dans les centres urbains que dans les
campagnes où l'octroi est inconnu. Malgré l'existence de
la taxe indirecte et le renchérissement des denrées qu'elle
occasionne, les cités modernes ne cessent d'attirer chez
elles par la perspective d'une vie plus facile et l'espoir
d'un travail plus rémunérateur les habitants des campagnes
L'octroi, en élevant le prix des choses, a peut-être pour
résultat d'enrayer le mouvement. C'est une barrière opposé à l'envahissement des villes. Est-il bien urgent qu'elle
disparaisse (2) ?

(1) « Il y a une communication constante entre les travailleurs des
villes et ceux des campagnes, les uns se recrutent parmi les autres.
Si donc, le prix de l'existence était accru dans les villes sans une augmentation proportionnelle des salaires des ouvriers, la diminution
du nombre de ceux-ci tendrait rapidement à rétablir l'équilibre entre les conditions du travail dans les deux conditions différentes. » DE
PARIEU. *Traité des impôts*, I, p. 79. — E. BRELAY. *Monde économique*, 10 novembre 1895.

(2) V. Considérant disait en 1848. « Si vous abaissez sensiblement
le prix des choses nécessaires à la vie dans les grandes villes, l'effet
de cette mesure sera d'amener au bout de très peu de temps une nouvelle quantité de travailleurs dans cette ville. Bientôt, le salaire diminuera par la concurrence et des bras se présenteront chaque jour plus
nombreux sur le marché du travail. C'est une plaie pour la France
que des villes où s'accumulent des quantités trop considérables de
populations ouvrières ».

§ IV. L'octroi pèse sur l'agriculture et arrête le développement de la production.

Le reproche n'est pas nouveau. Turgot l'avait déjà formulé. Il estimait que l'octroi est pour les villes un moyen commode de faire contribuer à leurs dépenses les populations des campagnes. M. Frère Orban était du même avis et la réforme de 1860, dont il fut le promoteur, est tout entière inspirée par cette idée, que la suppression des taxes indirectes et locales intéresse au même degré les habitants des villes et ceux des campagnes. A ce titre, elle est d'ordre national et doit incomber à l'État (1). Il est assez malaisé de concilier cette critique avec la précédente. Si l'impôt est payé par les citadins et principalement par les citadins pauvres, il ne l'est pas par les ruraux, à moins qu'il ne soit acquitté deux fois. Nous croyons, quant à nous, qu'il grève le consommateur, c'est-à-dire le citoyen des villes, et que l'agriculteur souffre rarement de l'état de choses actuel.

Et d'abord, à la différence de ce qui se passait en Belgique, tous les produits agricoles ne paient pas à leur entrée dans la commune sujette. Des denrées importantes : les céréales, les grains, les fruits, le lait, le beurre sont affranchies de l'impôt (2). Et pour celles qui sont assujetties à la taxe et que le paysan apporte à la ville, elles sont d'ordinaire soumises au régime du passe-debout.

(1) C'est la théorie aujourd'hui reprise par M Berthélemy. *La suppression des octrois et l'expérience de Lyon. Revue politique et parlementaire*, mai 1895.

(2) Toutes ces denrées étaient imposées en Belgique. Voir l'exposé des motifs de la proposition de M. Frère Orban.

Les droits sont consignés à l'entrée sur toutes les marchandises introduites, à la sortie ils sont remboursés sur
les quantités non vendues. Grâce à ce système, l'impôt
atteint seulement les produits qui ont trouvé un acquéreur
et l'habitant des campagnes qui, à son arrivée aux barrières,
a acquitté la taxe n'a consenti, en réalité, qu'une avance
dont il a obtenu le remboursement, lorsqu'il a échangé ses
denrées. A ce propos, M. Maurice Block fait très justement observer que les marchandises importées des campagnes dans les villes sont de première nécessité; elles
sont indispensables à tous. Or, les cultivateurs en ont le
monopole, ils seraient les maître absolus des prix, si la concurrence ne s'établissait pas entre eux et si, par suite de
l'abondance des approvisionnements, l'offre ne primait pas
quelquefois la demande (1).

Franklin a dit quelque part « quand on établit un impôt
sur un marchand, il le met dans sa facture ». Le paysan
ne connaît sans doute pas le mot de Franklin, mais il
agit comme s'il le connaissait. Il paie l'octroi, dites-vous,
il serait peut-être plus exact de dire que, dans les circonstances habituelles, il en distribue simplement le montant
entre ses acheteurs. Si, parfois, il arrive que la concurrence
s'établissant, le poids de la taxe se répartit entre l'acquéreur et le vendeur désireux d'écouler ses produits, ce
résultat même nous paraît légitime. Le rural, que ses
affaires amènent à la ville, profite, pendant son séjour, de
tous les avantages, de toutes les ressources que la cité
offre à ses visiteurs comme à ses habitants. Est-il étrange
qu'il paie sa part des dépenses (2) ?

(1) M. BLOCK. *Revue générale d'administration. L'octroi*
(Année 1878, III. p. 477.
(2) N'est-il pas juste, quoi qu'en dise M. Frère Orban, que « le

D'ailleurs, les centres urbains ne sont pas les seuls marchés ouverts à ses produits, les campagnes avoisinantes constituent pour lui de vastes débouchés (1). S'il se rend à la ville, c'est qu'il croit y trouver un placement plus facile et plus avantageux. Autrement il resterait chez lui et vendrait sur place. Il préfère se soumettre à l'octroi, à tous les désagréments qu'il entraîne, c'est donc que, dans sa pensée, le marché urbain doit assurer aux denrées qu'il y importe, un prix suffisant pour l'indemniser de la gêne, de la perte de temps, des obstacles de toute nature qui marqueront son passage aux barrières.

Aussi, estimons-nous que, malgré tous les inconvénients résultant de l'octroi, la proximité des grandes villes est pour les campagnes une source de bien-être et de profit. Avec M. de Lavenay, nous croyons que la production se développe, la consommation va toujours croissant, précisément dans les cités où l'on prétend qu'elle est opprimée par l'octroi, et que toutes les fois que l'agriculture est voisine de ces centres de richesse, la terre rend le double, la propriété acquiert une valeur double (2).

Mais, dit-on, les taxes d'octroi en déterminant l'élévation du prix des marchandises ont pour effet d'en restreindre la consommation au détriment du producteur. L'acheteur, précisément parce qu'il paiera plus cher, diminuera ses achats (3) et le vendeur, c'est-à-dire l'habitant

campagnard qui vient acheter un de ces mille objets qu'il ne peut trouver que dans les grands centres de commerce et d'industrie, paie un impôt qui profite à la ville où il s'approvisionne » ?

(1) BERTAULD. Rapport au conseil municipal de Caen. Enquête de 1869.

(2) DE LAVENAY, président de section au C. d'Etat. MATHIEU-BODET, *Les finances de la France* de 1870 à 1876. 2. p. 383.

(3) Que l'octroi soit supprimé, le contribuable qui paiera les impôts

des campagnes, se trouvera atteint indirectement. Vendant moins, il produira moins. Il y a du vrai dans cette criti- que, mais elle s'appliquerait avec tout autant de force aux taxes directes. L'impôt, quel que soit sa nature, se ré- sout toujours en une augmentation de la valeur des choses, et la contribution foncière, par exemple, soulève les mêmes objections que l'octroi (1). L'inconvénient sera d'ailleurs peu sensible si les droits restent modérés. Indéfiniment fractionnés et se confondant avec le prix même des denrées, ils n'auront pas l'influence fâcheuse qu'on redoute. Pour qu'il en soit ainsi, le législateur a pris soin d'intervenir. Il a limité le nombre des objets imposables : pour chaque article de chacune des catégories établies, des maxima ont été fixés qui ne peuvent être dépassés qu'avec l'autorisa- tion du pouvoir central. Le plus souvent, ces maxima ne seront pas atteints : l'intérêt des villes leur commande, en effet, de s'en tenir aux prescriptions de l'autorité supé- rieure et de ne point écarter d'elles par des tarifs excessifs des produits qui leur sont nécessaires pour les besoins de leurs populations, pour le développement de leur com- merce, pour les progrès de leur industrie.

Parmi toutes les causes qui peuvent influer sur la con- sommation, la principale est, assurément, la puissance d'acheter du consommateur. Or, celle-ci est le plus ordi-

---

directs de remplacement ne sera-t-il pas contraint par là même de ré- duire sa consommation ?

(1) « L'impôt sur la terre agira sur le prix du blé ou de la viande, par la raison que le fermier qui cultive des céréales ou élève des troupeaux sera obligé de recouvrer ses frais et que l'impôt sera partie de ces frais. Eh bien ! par l'impôt foncier vous faites renchérir le pain et la viande du peuple, cela vaut-il mieux que de faire renchérir le vin qu'il boit au cabaret ? » Thiers. De la propriété, p. 392.

nairement déterminée par le taux du salaire. Si les prix,
grâce aux taxes indirectes, sont plus élevés, les salaires
sont aussi plus abondants et l'extension de la consommation est plus rapide. C'est pour ce motif que celle-ci ne
cesse de s'accroître, principalement dans les villes à octroi,
ce qui démontre amplement que les inconvénients de la
taxe sont beaucoup moins considérables que ne le préten
dent ses détracteurs.

D'après M. Block, la consommation moyenne de la
viande de boucherie était pour chaque habitant de Paris
en 1850 de 51 kilog. Elle était de 59 kilog. en 1851. De
1855 à 1863 elle oscillait entre 60 et 68 kilog. atteignait
74 kilog. à la veille de la guerre ; après avoir fléchi un
instant sous le coup de nos désastres, elle n'a cessé de
progresser depuis 1875. La consommation moyenne du
vin, malgré l'élévation des droits, suit une progression
analogue. Elle était de 100 litres par tête en 1845. En
1875, elle avait plus que doublé et atteignait 213 litres (1).

Ce qui est vrai pour Paris où les taxes sont très élevées,
puisque la ville n'est pas soumise aux maxima établis
par le décret de 1870, l'est plus encore pour la province.
L'impôt n'y représente jamais qu'une part très minime de
la valeur des denrées : le droit sur la viande de boucherie
y est de quelques centimes par kilogr. Est-ce donc là cette
contribution excessive qui « grève dans une proportion
inouïe la charge du consommateur et l'empêche de donner
à sa consommation toute l'extension possible (2) ? »

La suppression d'une imposition aussi faible, aurait-elle
les résultats que certains esprits en attendent ? Profiterait-

(1) BLOCK. *Revue générale d'administration*, 1878. III, p. 329.
(2) *Réforme Economique*, n° du 25 février 1894.

elle à l'acheteur ; à l'ouvrier, principalement, au nom de
qui la réforme serait opérée ; activerait-elle la consommation, et le producteur en retirerait-il par contre-
coup un bénéfice ? Nous reviendrons sur ce point en étu-
diant la question de l'abolition de l'octroi ; disons, dès
maintenant, que l'expérience de la Belgique (1) aussi bien
que les tentatives faites en France ne permettent guère
d'espérer qu'il en serait ainsi. Les droits une fois abolis,
les prix de vente au détail resteraient à peu près les mêmes
que par le passé ; la chance de réduction ne se produirait,
avec de réelles garanties de durée, que pour les marchands
en gros, pour les personnes aisées ou riches qui s'appro-
visionnent par quantités considérables ; et le nouvel état
de choses ne profiterait que très médiocrement au producteur et à l'acheteur au détail.

§ V. L'octroi est un impôt onéreux

« Tout impôt a dit Adam Smith, doit être conçu de manière
à faire sortir des mains du peuple le moins d'argent possible au delà de ce qui entre dans les caisses de l'État (2). »
L'octroi ne satisfait point à cette règle. C'est un impôt

(1) « L'effet de la suppression des octrois en Belgique au point de
vue de la consommation a été nul. Ni la viande, ni rien de ce qui
payait à l'entrée n'a baissé de prix. Les débitants prétendent que la
remise obtenue par la suppression de l'octroi faisait tout leur bénéfice. Les paysans, vendeurs de bétail, élèvent leurs prix pour se couvrir, disent-ils, de la part qui leur appartient dans les charges nouvelles. » PROUDHON. *Théorie de l'impôt.* Appendice.
(2) ADAM SMITH. *Richesse des nations.* Livre 5, ch. 2. — « Le
devoir des représentants de la nation est de pourvoir aux besoins publics avec la moindre dépense et la moindre gêne qu'il sera possible. »
Déclaration de l'Assemblée Constituante du 24 août 1791.

des plus onéreux pour le contribuable, les frais de perception en sont très élevés.

Ils l'étaient surtout autrefois. Il n'était pas rare, au début du siècle, que le recouvrement absorbât 20 à 30 0/0 du rendement de l'impôt (1). Aujourd'hui, d'après les documents statistiques du ministère des finances, la moyenne des frais de perception est bien moins considérable. Elle varie entre 8.28 et 8.50 0/0. En 1892, sur un produit total de 312 856.187 francs, le recouvrement a pris 26.488,992 francs soit 8.47 0/0. — L'année suivante, le produit total est de 316.847.524 francs, les frais absorbent 27.013 115 francs. Sur 55 villes, où la population dépasse 30.000 âmes, la quotité la plus forte appartient à la ville de Cette, les frais s'élèvent à 16.50 0/0 du produit. A Paris, ils sont seulement de 5.82 0/0 (2). M. Leroy-Beaulieu constate que ces chiffres officiels ne donnent qu'une idée très inexacte de la situation. Indépendamment du recouvrement des droits locaux, les préposés des villes sont chargés, moyennant une très faible rémunération, de percevoir au profit du Trésor le droit d'entrée sur les boissons dans les villes de 4.000 habitants au moins, les taxes de remplacement à Paris et à Lyon. Si l'on tient compte des sommes ainsi recouvrées, le taux moyen de la perception s'abaisse pour l'exercice 1892 à 5 1/2 0/0. A Paris, il est, cette année là, d'un peu plus de 3 0/0.

(1) « Les économistes qui écrivaient de 1820 à 1830 quand les frais de perception dépassaient en moyenne 20 à 25 0/0 pouvaient se servir de cet argument qui a beaucoup perdu de sa force aujourd'hui que ces frais sont en moyenne de 8 0/0. » LEROY-BEAULIEU. Traité de la Science des finances, 1. p. 734.

(2) Bulletin de statistique du Ministère des finances.

(3) LEROY-BEAULIEU. Science des finances. 1. p. 734. — Economiste français, 9 janvier 1892.

Nous reconnaissons, cependant, qu'il y a une part de vérité dans les critiques formulées par les adversaires de l'octroi. Le coût de la perception varie sensiblement d'une commune à l'autre, et il est bien certain que dans les villes de peu d'importance, l'impôt ne donne qu'un rendement assez faible obtenu à grands frais. — M. Burdeau signalait, il y a quelques années, une localité du département de l'Aisne où les recettes, disait-il, ne suffisaient pas à rétribuer les employés (1). Sa bonne foi avait été surprise ; que penser d'ailleurs d'une municipalité qui aurait été assez peu soucieuse de ses devoirs pour maintenir un octroi établi dans des conditions aussi défavorables ? C'est aux conseils municipaux d'examiner s'il convient ou non de recourir aux taxes de consommation, et en particulier, si les frais de recouvrement n'absorberont pas la majeure partie du produit de l'impôt. Les assemblées locales ne sont pas abandonnées à elles-mêmes. La loi exige aujourd'hui, pour l'établissement d'un octroi, l'avis préalable du Conseil général ou de la Commission départementale dans l'intervalle des sessions. Le directeur des Contributions Indirectes du département est appelé également à formuler son avis. Enfin, l'intervention du Conseil d'État est obligatoire depuis la loi du 11 juin 1842 ; on ne peut que regretter qu'elle n'ait pas toujours été nécessaire. Le Conseil repousse les demandes de création d'octroi qui ne lui paraissent pas suffisamment justifiées par la situation financière de la commune ; si la perception doit occasionner plus de 12 0/0 de frais, il n'admet l'établissement de l'octroi qu'en cas de nécessité absolue. — Mais ces heureuses

(1) Article du journal *Le Globe*, reproduit dans le rapport de M. Y. Guyot.

dispositions peuvent seulement prévenir des abus. En ce qui concerne les droits existants établis dans des conditions défectueuses, la haute assemblée n'a aucun pouvoir(1), elle ne peut prendre à leur égard aucune décision. Ce serait empiéter sur les attributions des conseils municipaux. C'est à ces derniers de faire preuve sur ce point d'intelligence et d'initiative. Beaucoup de petites communes pourraient, en élevant le nombre de leurs centimes additionnels, supprimer leurs octrois. Cette réforme partielle opérée, le taux moyen des frais de perception subirait une diminution sensible.

§ VI. L'octroi provoque la fraude.

S'il faut en croire ses détracteurs, l'octroi aurait sur la moralité publique les plus funestes effets. La tentation offerte à la fraude serait telle que les plus honnêtes y succomberaient et le contribuable, quel que soit son rang dans la société, quelle que soit sa situation de fortune s'efforcerait par tous les moyens en son pouvoir d'éluder le paiement de l'impôt. « Dans les classes élevées, dit Deloynes, on use de la considération dont on jouit pour s'y soustraire, on paie d'audace » (2). — Quant aux

---

(1) Les préfets auxquels l'art. 6 du décret du 12 février 1870 confie l'approbation des frais de perception des octrois pourraient utilement intervenir auprès des municipalités. — Il appartiendrait à ces hauts fonctionnaires de refuser leur autorisation lorsque la quotité des frais de recouvrement leur paraîtrait excessive.

(2) DELOYNES, *Les octrois et les budgets municipaux.* GUILLEMET, *Rapport à la Chambre*, 1892, p. 820. M. Yves Guyot dit également « De tels impôts font la fortune de ceux qui savent les éluder, la ruine de ceux qui les subissent de bonne foi. »

commerçants la contrebande pour eux est une nécessité ;
le plus souvent ils n'ont pas d'autres ressources pour
lutter contre leurs adversaires. Malgré eux, par la force
même des choses, ils sont amenés à déjouer la surveillance
des agents du fisc, en dissimulant des marchandises sujettes aux droits, à tromper leurs acheteurs, en falsifiant les
produits, causant ainsi à la santé de tous de réels dommages.

Ce n'est pas, croyons-nous, la suppression de l'octroi
qui remédierait aux abus. L'absence de toute vérification
aux barrières des villes aurait, au contraire, pour effet
d'accroître les facilités offertes à l'altération des denrées ;
le négociant, délivré de la surveillance des préposés d'octroi, emploierait à tromper le public toute l'intelligence
qu'il met aujourd'hui à frauder le trésor. Ce qui démontre
bien que ce n'est point là une pure hypothèse, c'est que
des produits tels que le lait et le beurre qui sont exempts
des taxes sont eux-mêmes l'objet de falsifications analogues à celles dont on se plaint. Il y a donc, tout au moins,
une forte part d'exagération dans les critiques formulées
à ce sujet. Il est certain, cependant, que l'octroi ne satisfait pas rigoureusement aux désirs d'Adam Smith qui voulait que « l'impôt fut tel que le contribuable ne pût l'éluder » (1). L'inconvénient sera, du moins, réduit à son
minimum si les droits restent modérés, la prime offerte à
la contrebande étant par là même moins considérable.
En réalité, c'est moins la nature des taxes que leur exagération qui éveille l'esprit de fraude. — « Toutes les fois, dit
Rossi, que la loi lève un impôt considérable sur une
marchandise, il se produit une contradiction singulière.

_____

(1) ADAM SMITH. *Richesse des nations*. Livre V, chap. 2.

Le législateur, d'une main, donne une prime d'encouragement au crime, de l'autre il frappe le criminel. Il donne l'amorce et il est prêt à frapper celui qui y mord » (1). Adam Smith disait également. « Les droits élevés, soit en diminuant la consommation, soit en encourageant la contrebande rendent souvent un plus faible revenu que celui qu'on aurait retiré de droits plus modestes » (2). C'est donc une nécessité pour le pouvoir de faire preuve de modération dans l'établissement de l'impôt.

Reconnaissons-le, d'ailleurs, le reproche n'est pas spécial à l'octroi. Les douanes, les contributions indirectes, l'enregistrement sont chaque jour victimes de fraudes et de dissimulations importantes. Et les taxes directes elles-mêmes, lorsqu'elles reposent sur la déclaration du contribuable, encourent les mêmes critiques (3).

§ VII. L'octroi est pour les villes une cause de prodigalités.

On invoque encore contre le régime des octrois, les dépenses exagérées où il entraîne les villes. « L'aisance avec laquelle cet impôt se supporte entraîne, dit-on, à en abuser. On ne se défie pas d'un instrument si léger et si maniable, on l'applique à tout et sans mesure (4) ». L'octroi est un système de contribution si commode et si productif que, chaque année, les conseils municipaux lui demandent un accroissement de recettes, majorent les droits existants ou inscrivent à leur tarif de nouveaux

(1) Rossi, *Cours d'Economie politique*, IV, p. 176.
(2) Adam Smith, *Richesse des nations*, Livre V, chap. 2.
(3) *Revue générale d'adm.* 1878, III, p. 334.
(4) Louis Reybaud, *Revue des Deux-Mondes*, 15 mai 1861.

objets imposables. De leur côté, le Gouvernement et les Chambres, sollicités par les pouvoirs locaux, aggravent une charge qu'il conviendrait plutôt d'alléger, en autorisant, soit des taxes que ne prévoit pas le tarif général de 1870, soit des surtaxes dont la nécessité n'est pas justifiée, soit, enfin, des emprunts gagés sur les produits de l'octroi. C'est ainsi que le rendement total de cette contribution qui était de 97 millions en 1855, de 249 millions en 1877, dépasse aujourd'hui 300 millions. Combien nous sommes loin des dispositions de la loi de l'an VII qui affectait spécialement les taxes indirectes et locales au paiement des dépenses de l'Assistance publique, et combien l'impôt actuel a été détourné de son but primitif! Peu à peu, l'octroi a pris une place prépondérante dans les finances des communes; dans la plupart des villes, il constitue, à lui seul la presque totalité des ressources du budget municipal.

En même temps d'ailleurs, qu'ils recouraient sans réflexion ni mesure aux taxes et surtaxes d'octroi, les conseils municipaux des villes importantes demandaient aussi aux centimes additionnels des ressources nouvelles. Dans une période de 15 années, l'augmentation due à ce genre d'imposition, représente à elle seule une somme de 50 millions.

Ainsi, les villes se trouvent engagées dans une voie funeste pour elles et pour leur crédit, et l'intérêt du contribuable, sans cesse atteint par de nouvelles charges, n'est pas sauvegardé. Or, c'est à l'octroi qu'est dû principalement ce déplorable état de choses. Par les facilités de recouvrement qu'il présente, il est la source de toutes les dépenses de luxe où les villes se laissent entraîner (1). Sans

(1) Rapport Guillemet, p. 819.

lui, sans ce système d'impôt si commode qui permet de puiser, jour par jour, dans la bourse du pauvre plus encore que dans celle du riche, les villes n'auraient jamais connu les fantaisies coûteuses et les prodigalités qui les ruinent. Les municipalités, obligées de s'en tenir aux impositions directes, se seraient montrées plus préoccupées des véritables intérêts publics et plus soucieuses de ménager la fortune de chacun.

Sans méconnaître ce que ces critiques peuvent avoir de fondé, il est juste de faire remarquer que cette augmentation si rapide du rendement de l'octroi a coïncidé avec un développement constant de la richesse générale du pays : qu'il est dû aussi, en grande partie, à l'accroissement considérable qui s'est produit, au cours de ce siècle, dans la population urbaine. Nous reconnaissons, cependant, que cette double remarque ne détruit pas l'objection. Il est certain que toutes les dépenses effectuées au cours de ces dernières années n'étaient pas également nécessaires et que les conseils municipaux ont cédé trop souvent à la facilité de recouvrement que présentaient les taxes sur les consommations. Trop souvent aussi, le Gouvernement et les Chambres n'ont pas su résister aux démarches pressantes des représentants des pouvoirs locaux. On a ainsi autorisé à la légère les taxes spéciales et les surtaxes que sollicitaient instamment des personnalités politiques, quelquefois adversaires déterminés du principe même des octrois. Cet inconvénient n'est pas nouveau. Il s'était manifesté, déjà, sous le gouvernement de Juillet et sous le second Empire, et le décret de 1870 avait été principalement motivé par le désir de porter remède à cette situation.

Aujourd'hui comme alors, il est nécessaire de réagir contre les tendances de certaines municipalités, et de

réprimer les abus qu'entraînent inévitablement les droits
d'octroi lorsqu'ils sont exagérés. Il suffirait, pour cela, de
rendre au tarif dressé en exécution du décret de 1870 le
caractère strictement obligatoire qu'il aurait dû conserver,
de décider que les maxima qu'il établit ne pourront être,
en aucun cas, dépassés, et que la classification qu'il donne
des matières imposables sera obligatoirement limitative.
Il conviendrait, surtout, d'appliquer ses dispositions à la
ville de Paris comme aux autres parties du territoire, ce
qui aurait immédiatement pour effet de diminuer les
droits sur les vins et de ramener la taxe locale à un taux
au moins égal à celui des taxes de remplacement perçues
au profit de l'État. Enfin, il serait à désirer qu'on renonçât à étendre le périmètre des octrois aux dépendances
rurales des grandes villes, et que le pouvoir législatif
protégeât les assemblées municipales contre leurs propres
entraînements en interdisant à l'avenir toute surtaxe d'octroi.

Ces mesures arrêteraient les progrès du mal et pré-
viendraient bien des abus. Elles auraient le mérite de favoriser le développement de la consommation, et de servir
ainsi les intérêts du consommateur et du producteur. En
même temps, elles ménageraient les finances des villes en
conservant à celles-ci une ressource dont elles ne peuvent
se passer.

C'est, d'ailleurs, un fait digne de remarque que la progression continue dans les dépenses n'est pas spéciale aux
villes à octroi. En Angleterre, l'impôt indirect forme la
principale ressource de l'État et les communes pour subvenir à leurs besoins s'adressent aux taxes directes. L'octroi y est donc inconnu. Et cependant la situation financière des villes est tout aussi obérée qu'en France. D'après

M. Leroy-Beaulieu, les impositions locales se sont accrues en treize années de 298 millions, soit d'environ 50 0/0. Il en est de même en Belgique où la réforme de 1860 n'a pas eu pour effet, comme on pouvait l'espérer, d'arrêter les municipalités dans la voie des dépenses (1). Les ressources créées en remplacement des octrois supprimés ont été bientôt insuffisantes et il a fallu recourir à de nouvelles impositions. Partout, les pouvoirs locaux veulent « faire grand » et le désir du mieux les entraine trop souvent dans la voie des prodigalités. Les faits qui précèdent démontrent, du moins, que le mal n'est pas spécial à notre pays. C'est plutôt une nécessité de l'heure présente, une conséquence des progrès de la civilisation, de ce besoin de luxe et de bien-être qui s'est emparé de toutes les classes de la société et auquel les États, les municipalités plus encore que les individus sont tenus de satisfaire. Ce serait une erreur, croyons-nous, de l'attribuer à l'existence des octrois.

Tels sont les reproches adressés à l'institution. Quelques-uns des inconvénients signalés sont réels. Il ne faut ni les méconnaître ni en exagérer l'importance. Il est certain que l'octroi est vexatoire, qu'il apporte de sérieux obstacles à la circulation des produits, qu'il n'est pas exactement proportionnel aux facultés de chacun, que sa perception, enfin, donne lieu à des fraudes trop nombreuses Ces vices du système actuel doivent-ils le faire condamner ? Peut-on espérer le voir disparaître et céder la place à un régime nouveau plus commode et plus équitable que l'ancien ?

(1) LEROY-BEAULIEU, *Traité de la science des finances*. I, p. 746 et suiv. Consulter également *L'État moderne et ses fonctions* du même auteur, p. 20.

Dupont de Nemours observait, il y a un peu plus d'un siècle, que toutes les villes protestaient contre l'octroi et que toutes, néanmoins, désiraient des octrois (1) L'événement n'a cessé de lui donner raison. En 1791, les taxes indirectes et locales étaient abolies par l'Assemblée Nationale. Elles étaient reconstituées, quelques années plus tard, sur la demande même des municipalités. En 1868, l'Espagne supprimait ses octrois, les villes n'attendirent pas l'autorisation du pouvoir pour rétablir chez elles l'ancien état de choses (2). Et de nos jours encore, pourquoi l'octroi reste-t-il debout malgré toutes les attaques dirigées contre lui ? Si cette forme d'impôt soulève tant de critiques, si l'opinion publique la condamne aussi énergiquement que ne la fait elle disparaître ? Pourquoi chaque commune ne fait elle pas pour son propre compte l'expérience de suppression qui doit, au dire des réformateurs, donner de si brillants résultats ? L'octroi n'est jamais imposé aux assemblées locales ; il est librement voté et consenti par elles. Elles l'établissent, le diminuent, le suppriment d'elles mêmes et de leur plein gré. Pourquoi donc n'en décrètent-elles pas l'abolition ? Cependant, toutes persistent à le maintenir. Même les villes les plus décidées à « faire quelque chose » celles dont les protestations incessantes ont appelé l'attention sur cette question, une fois le problème de la suppression posé, les premiers essais accomplis dans cette voie, s'arrêtent hésitantes, comme si

(1) *Réforme sociale*, livraison du 1er avril 1894, p. 549.
(2) D'AVENEL, *Les octrois en France et à l'étranger.* — Les rapports de MM. Yves Guyot et Guillemet nous apprennent que l'Espagne a supprimé ses octrois en 1868, ils négligent de nous informer qu'elle les a rétablis deux ans plus tard.

elles craignaient l'insuccès de leurs tentatives, comme si elles doutaient de leur puissance pour mener à bien la réforme. La ville de Lyon, par exemple, a obtenu récemment l'autorisation qu'elle sollicitait de substituer aux taxes actuelles des taxes nouvelles que ne prévoyait pas jusqu'ici notre système général d'impôts (1)? En attendant le jour lointain peut-être où le régime fiscal tant de fois condamné aura pour jamais disparu, la ville demande au pouvoir législatif de nouvelles surtaxes d'octroi, dont l'établissement est tout aussitôt accordé (2).

C'est une preuve que s'il est facile de médire de l'organisation existante, il est moins aisé d'y porter remède. La meilleure et plus décisive raison de conserver l'octroi, disait en 1869, M. Bertauld au conseil municipal de Caen, c'est le caractère obligatoire des charges auxquelles il fait face et l'invincible difficulté de le remplacer (3). » Cette difficulté est aujourd'hui bien plus grande qu'elle ne l'était alors : les besoins des villes se sont accrus dans

(1) Le maire de Lyon invoque surtout contre l'octroi des considérations spéciales à la ville qu'il administre, notamment, les difficultés de perception qu'entraîne l'étendue du territoire assujetti et l'absence de barrières naturelles, ainsi que le préjudice causé par la fraude. Voir la déposition de M. Gailleton. Rapport Bardoux, p. 733.

(2) M. Berthélemy, adjoint au maire de Lyon, n'a pas grande confiance dans le nouvel essai de suppression tenté par la municipalité. Mais c'est un partisan décidé des réformes et il estime « que si l'expérience de Lyon échoue, le principe d'une tentative plus vaste, toute pareille dans ses fins, toute différente dans ses moyens n'en souffrira nulle atteinte. Les revendications futures des partisans résolus de la suppression des octrois conserveront toute leur force. » La suppression des octrois et l'expérience de Lyon.

(3) Enquête de 1869. Rapport de M. Bertauld au conseil municipal de Caen.

une proportion considérable, les recettes de l'octroi ont subi une progression analogue. Si l'on veut déférer aux désirs des abolitionistes, c'est plus de 300 millions de taxes nouvelles qu'il faut découvrir.

CHAPITRE II

AVANTAGES DE L'OCTROI

§ 1. Progression continue du rendement de l'Octroi

C'est dire que les impositions actuelles ont d'abord pour elles l'importance de leur rendement. Proportionnées à la richesse générale du pays, elles se sont accrues d'elles-mêmes et insensiblement, à mesure que les villes voyaient leur prospérité s'affirmer et se développer le chiffre de leur population. C'est ainsi que les recettes totales qui s'élevaient en 1823 à 62 millions, à 98 millions en 1855, à 285 millions en 1883 dépassent aujourd'hui 300 millions. Nous l'avons nous-même reconnu, ce dernier chiffre est excessif. Il est certain que des municipalités ont abusé des facilités de recouvrement que présentait l'octroi pour lui demander un accroissement exagéré de recettes. Il y a eu, dans ce sens, des tentatives maladroites qu'aurait pu facilement réprimer une application plus rigoureuse des principes. Il n'en reste pas moins établi que, tandis que l'impôt direct reste à peu près stationnaire, l'impôt indirect et l'octroi en particulier intimement lié à l'aisance générale s'accroît avec elle. Ce mouvement ascendant que l'on constate dans le rendement des taxes locales atteste aussi les progrès incessants de la richesse publique. Si l'octroi restreignait la consommation, s'il avait sur le développement de la production l'influence fâcheuse que prétendent ses adversaires, s'il opprimait l'agriculture, s'il entravait réellement les échanges, nous ne verrions pas chaque année son produit s'élever et les recettes se chiffrer, à chaque exercice, par des plus-values sur les prévisions budgétaires.

§ II. Facilités de recouvrement.

Mais l'octroi n'est pas seulement une contribution précieuse par l'importance et l'élasticité de son rendement, c'est encore une taxe d'un recouvrement facile et assuré. Nous avons dit que les droits étaient généralement modérés. Comme ils portent sur des faits de consommation qui se reproduisent un nombre de fois considérable, et comme ils atteignent une infinie variété d'objets, ils peuvent. en effet, tout en étant très productifs, demeurer peu considérables sur chacun d'eux. Le législateur veut, d'ailleurs, qu'il en soit ainsi. Il exige qu'ils ne représentent jamais qu'une part très faible de la valeur des denrées sujettes, et, dans ce but, il a fixé pour chaque catégorie d'objets imposables des maxima qui ne peuvent être dépassés qu'avec son autorisation (1). Ajoutons qu'à défaut des prescriptions légales, l'intérêt même des villes leur commande de ne pas surélever les taxes. Si celles-ci étaient exagérées, elles auraient pour effet immédiat de restreindre la consommation ; et « ce que l'on ajouterait à leur tarif serait à retrancher de leur produit (2) ». Les

(1) Décrets de 1809 et du 12 février 1870.
(2) Léon Say. *Dictionnaire des finances*, au mot Contributions Indirectes, article de M. Sestier.

marchandises trop lourdement frappées ne seraient plus demandées par les consommateurs, le déficit apparaîtrait dans les caisses de la commune et l'assemblée munici- pale pour s'être montré trop exigeante verrait s'évanouir les recettes sur lesquelles elle comptait. « Porté au delà de certaines limites, dit Rossi, l'impôt diminue la con- sommation et produit une perturbation profonde sur le marché. Non seulement il diminue les jouissances du con- tribuable, non seulement il paralyse la production, mais il nuit même aux intérêts du fisc (1). » C'est une leçon pour le pouvoir, c'est en même temps une garantie sérieuse pour le consommateur, assuré, par là même, qu'il acquittera toujours facilement des impositions que la force des choses fera nécessairement légères.

Les droits resteront donc modérés. Etant modérés, ils n'auront que peu d'influence sur le développement de la consommation qu'ils n'abaisseront jamais au-dessous du niveau des besoins, ils seront, enfin, d'un paiement facile pour le débiteur. Se confondant avec le prix des choses, ils en feront partie intégrante et s'acquitteront insensible- ment au fur et à mesure des échanges. Ainsi, l'impôt se percevra par des versements imperceptibles sans cesse renouvelés, et chaque citoyen se libérera journellement et sans dommages de sa part dans les charges communales. Il ignorera toujours la quotité et très souvent l'existence même des taxes ; il n'aura pas conscience du moment ni de la manière dont il les acquittera (2).

---

(1) Rossi, *Cours d'économie politique*, IV. p. 181.
(2) Thiers, *De la propriété*, ch. IV, p. 309 et suivantes. — « Les droits sur les marchandises sont ceux que les peuples sentent le moins parce qu'on ne leur fait pas une demande formelle. Ils peu-

Ce résultat, si avantageux pour le contribuable qui paie l'impôt et pour la commune qui le perçoit, est critiqué par beaucoup. Ainsi, dit-on, la valeur fiscale de l'octroi domine tout le débat ? Vous ne considérez plus que le côté utilitaire, que les avantages pratiques de cette contribution ? Peu importera qu'elle soit injuste, coûteuse, vexatoire, si elle est productive. Nombre d'économistes, partisans convaincus des taxes directes, ont condamné ce déplorable système financier qui consiste à « plumer la poule sans la faire crier ». M. Yves Guyot n'a pas assez de mépris pour cette vieille théorie du fisc se mettant en embuscade pour dépouiller le citoyen sans qu'il s'en doute. Un tel régime lui paraît digne, tout au plus, de l'époque où le budget de l'État était un secret qui eût envoyé à la Bastille le téméraire qui eût osé le divulguer (1).

Rossi lui a répondu par avance. « Des hommes éminents ont pu être séduits par cette idée que l'impôt devait être direct, qu'il ne fallait que des impôts directs. Cette théorie n'a jamais résisté aux nécessités de la pratique et à l'expérience du financier et de l'homme d'État (2). » Peut-être l'impôt direct est-il plus logique, plus équitable en théorie, mais s'il devait à lui seul subvenir aux besoins des États et des municipalités contemporaines, il atteindrait inévitablement un chiffre si élevé qu'on ne pourrait l'établir avec justice et le percevoir sans d'insurmontables difficultés (3). Ou il atteindrait tout le monde et il serait oné-

vent être si sagement ménagés que le peuple ignorera presque qu'il les paie » MONTESQUIEU, *Esprit des lois*, livre 13.

(1) YVES GUYOT, *Rapport à la Chambre des députés.*

(2) ROSSI. *Cours d'économie politique*, IV, p. 162.

(3) LEROY BEAULIEU, *Traité de la Science des finances*, I, chap. IV.

reux même pour les riches, et le paysan, l'ouvrier et
l'employé, qui n'ont d'autres ressources que leur salaire
journalier, ne pourraient l'acquitter, ou l'on exempterait
certaines catégories de citoyens et ces exemptions seraient,
dans tous les cas, entachées d'arbitraire, elles seraient
surtout en désaccord avec les principes posés par l'Assemblée Constituante : l'égalité de tous devant l'impôt.

Force est donc bien de recourir aux taxes indirectes.
Celles-ci morcelées, divisées à l'infini, se paient en sommes toujours minimes et le poids en est par suite considérablement allégé pour chacun. Gaudin, ministre des
Finances du premier Empire, estimait que le meilleur
impôt était celui qui dispensant de toute prévoyance s'iden-
tifiait le plus complètement avec les dépenses que l'on
fait communément et sans regret (1). L'octroi, qui atteint
la consommation journalière des habitants d'une cité, satisfait merveilleusement à cette condition. Et c'est pourquoi le recouvrement en est si facile et si productif. Une
imposition de cette nature peut seule permettre à tous les
citoyens de prendre leur part des charges publiques, aux
moins favorisés de la fortune d'y contribuer aisément,
Quels mécomptes n'éprouverait-on pas dans le rendement de l'impôt, si les droits sur les consommations cédaient la place à des taxes directes, si les salariés devaient
payer en centimes additionnels et à jour fixe ce qu'ils
versent aujourd'hui à l'octroi ? Les partisans de la réforme
se disent inspirés par le désir d'améliorer la situation des
classes pauvres. Sont-ils bien assurés de servir les véritables intérêts de ceux qu'ils prétendent défendre ?

(1) LÉON SAY, *Dictionnaire des finances*, au mot Contributions
indirectes.

Adam Smith, dont on invoque souvent l'autorité pour
condamner notre régime fiscal, voulait que toute contribution fût levée à l'époque et suivant les formes qui parai-
traient les plus commodes pour le débiteur (1). A ce point de
vue, les taxes d'octroi nous paraissent devoir mériter toutes
les faveurs du célèbre économiste. Non seulement, elles
s'acquittent par sommes minimes (2) et la charge qu'elles
imposent se trouve par là même considérablement allégée,
mais ces sommes minimes, le débiteur ne les verse que
lorsqu'il veut et quand il peut. Tandis que la taxe directe
a ses échéances périodiques et fatales, qu'elle « ajoute
toujours à l'incommodité naturelle de l'impôt quel qu'il
soit celle d'une exigence se produisant tout à la fois et à
un jour déterminé (3), » la taxe d'octroi n'est jamais dûe
à l'avance ; le contribuable ne paie que lorsqu'il achète et
toujours en proportion de ses achats. Sans doute, il ne
faut pas pousser cette théorie à l'extrême et soutenir que
l'octroi est une contribution purement facultative. La ré-
ponse serait trop facile : à moins d'être un « abstinent
farouche » dirait M. Yves Guyot, on ne saurait se soustraire aux taxes de consommation. Ceci est très vrai, il
est même très heureux qu'il en soit ainsi. Si l'impôt était
tout à fait volontaire, les recettes qu'il procurerait seraient

(1) AD. SMITH, *Richesse des nations*, livre 5, ch. 2.
(2) « La vraie différence entre l'impôt direct et l'impôt indirect est
celle-ci : L'un se paie en sommes relativement grosses, l'autre en
sommes minimes. Une fois que les cordons de la bourse ont été ouverts pour acheter une jouissance, il en coûte peu d'ajouter quelques
centimes pour l'impôt. — Les petites sommes sont toujours prises
sur le revenu, les grosses diminuent souvent le capital. » M. BLOCK,
Revue générale d'administration, III, p. 481.
(3) THIERS, *De la propriété*, ch. 4, p. 368.

illusoires. Mais du moins, s'il est forcé de consommer et
par là même de s'abandonner à l'action du fisc, le redevable peut choisir son moment : il peut, s'il est dans la gène,
réduire ses achats et s'imposer quelques privations. —
« Il s'arrête dans sa dépense, dit Thiers, s'il ne croit pas
pouvoir y suffire ; il ne paie des contributions que ce qu'il
on veut payer et en proportion des jouissances auxquelles
il se livre. Si par prévoyance, économie, pauvreté, il s'abs-
tient de consommer, il est dispensé de payer une part des
dépenses publiques proportionnée à son abstention. »

§ III. L'octroi fait participer aux charges de la commune tous ceux qui sont appelés à profiter de ses avantages.

Enfin, il n'est point d'imposition qui, mieux que la taxe
d'octroi, permette de faire participer aux charges de la
commune tous ceux qui sont appelés à profiter de ses
avantages. Elle atteint d'abord tous les habitants de la ville ;
et c'est justice. Tous, riches et pauvres, dans des proportions différentes, paient leur tribut à l'octroi. Dans une
démocratie comme la nôtre, où chaque citoyen exerce sa
part de souveraineté, il importe que tous, dans l'État
comme dans la commune, contribuent aux dépenses publiques. L'impôt est la dette de tous et non la dette particulière de quelques-uns. Et c'est pourquoi il faut conserver
toutes nos taxes indirectes. Elles constituent le moyen le
plus simple, le plus équitable aussi pour atteindre non
seulement l'ouvrier et l'employé qui vivent de leurs salaires
et dont les ressources sont par conséquent modestes,
mais encore l'avocat, le médecin dont la clientèle est sou-

(1) THIERS, *De la propriété*, ch. 4, p. 369.

vent nombreuse, le fonctionnaire, le banquier, l'homme d'affaires dont les émoluments ou les bénéfices sont parfois considérables et que l'impôt direct n'atteint pas ou n'atteint que dans une mesure limitée (1).

Les étrangers qui ne font que passer dans la commune acquittent, eux aussi, les droits d'octroi. Et par étrangers nous n'entendons pas seulement les sujets de nationalité différente de la nôtre dont le nombre, sauf dans quelques grands centres, est fort restreint ; nous voulons parler de toutes les personnes non domiciliées dans la localité et que leurs intérêts ou leurs plaisirs appellent à y résider momentanément. C'est toute cette population flottante qui profite des ressources et des agréments offerts par la ville que l'octroi permet d'imposer. Chacune de leurs consommations fait de ces visiteurs les redevables de la cité et leur permet ainsi de contribuer à son entretien (2). Ce résultat vivement critiqué par beaucoup n'a rien cependant que de juste et de naturel. L'étranger, pendant son séjour en ville, profite de tous les avantages que l'association communale procure à ses membres. Ces avantages, le bourgeois de la cité les paie, pourquoi l'étranger appelé à en bénéficier n'en paierait-il pas sa part ? — « C'est, dit M. Bertauld, un hôte intéressé qui doit participer aux frais de l'hospitalité qu'il demande et qu'il reçoit » (3). Si

___

(1) Ch. des députés. 7 février 1889. Discours de M. Arnous. — Voir les articles précités de M. E. Brelay, *Écon. fr. et monde économique.* — LEROY-BEAULIEU, *Traité de la science des finances.* I, p. 283.

(2) Lors de l'enquête de 1869 la part contributive des étrangers dans le rendement de l'octroi était évaluée à 20 0/0.

(3) « L'étranger qui réside momentanément dans nos murs, n'est-il pas associé à la plupart de nos avantages locaux ? Sa sécurité n'est-

l'octroi disparaissait, s'il cédait la place à des taxes directes, l'étranger s'en trouverait exempt, et les nouvelles impositions seraient, à n'en pas douter, plus lourdes pour les habitants de la ville que ne l'étaient les contributions supprimées.

Quelques réformateurs ont, il est vrai, proposé d'établir des taxes de séjour. Mais qui ne voit les inconvénients pratiques de cette innovation ? Son résultat le plus sûr serait de provoquer les plaintes et les récriminations des intéressés. Combien préférable est le régime fiscal que l'on veut abolir. L'hôte de passage, à qui nous réclamons le paiement des droits d'octroi, ne peut faire entendre aucune protestation. On ne le considère pas comme un étranger dans la commune. On ne lui crée pas une situation spéciale dont il est seul à souffrir : on l'assimile, au contraire, à tous les contribuables de la ville ; on l'impose de la même manière et suivant les mêmes règles que l'habitant de la cité (1). Il n'en est plus ainsi avec le système dont on demande l'application. Ou la taxe de séjour qu'on propose d'établir serait très faible et son produit serait insignifiant, ou elle serait élevée, elle provoquerait alors des mesures de représailles et déterminerait le départ de ceux qu'on prétendrait y soumettre.

Ces avantages pratiques de l'octroi compensent, dans une certaine mesure, les inconvénients très réels qu'il

elle pas protégée par notre police, ne jouit-il pas de la propreté de nos rues, de leur éclairage, des bienfaits de salubrité dont les conditions ne sont pas gratuites ? Nos musées, nos bibliothèques ne lui sont-ils pas ouverts ? » BERTAULD, *Rapport au C. mun.*, de Caen.

(1) Et cependant, au dire de M. Yves Guyot, les défenseurs de l'octroi considèrent l'étranger, même quand il est leur compatriote, comme un *hostis* qu'il faut exploiter.

présente. Sans aller jusqu'à soutenir que cette taxe est
la meilleure de toutes parce qu'elle est la moins apparente, on peut dire avec M. Leroy-Beaulieu que « maintenue dans des limites rationnelles, elle n'est pas plus
mauvaise que la généralité des autres. » (1) Parce qu'elle
porte sur de grandes masses et qu'elle grève des objets
de consommation courante, elle est très productive ; en
même temps et parce qu'elle se perçoit par une multi-
tude de versements imperceptibles et au moment choisi
par le contribuable, elle n'opprime, en réalité, personne.
Un écrivain anglais a dit un jour. « L'art d'un chance-
lier de l'Echiquier consiste à lever le maximum d'argent
avec le minimum de mécontentement possible » (2). Si
réellement les taxes d'octroi nous permettent d'obtenir ce
résultat, il nous semble qu'elles valent infiniment mieux
que leur réputation et qu'elles ne méritent pas les attaques
violentes dirigées contre elles avec tant d'ardeur.

(1) *Economiste français*, 16 janvier 1892.
(2) LEROY-BEAULIEU, *Traité de la Science des finances*. 1. p.254.

TROISIÈME PARTIE

DE L'ÉTABLISSEMENT DES TAXES D'OCTROI.

CHAPITRE I

L'OCTROI. — DÉFINITION ET CARACTÈRES

L'octroi est une taxe indirecte établie au profit exclusif d'une commune sur les denrées destinées à la consommation locale. C'est une taxe indirecte : en effet, elle ne s'adresse point à un débiteur connu à l'avance. Elle est perçue non par rôles nominatifs et à échéances périodiques, ce qui est le propre des impositions directes, mais à l'occasion d'un fait, d'un acte déterminé, que l'on considère comme un signe d'aisance ou de fortune. Les objets soumis aux droits représentent des valeurs, et leur usage, s'il ne peut être toujours considéré comme une preuve de richesse, correspond, dans tous les cas, à la satisfaction d'une jouissance, et c'est pour ce motif qu'on le soumet à l'impôt. Il est donc exact de dire que l'octroi ne frappe pas les personnes, mais les besoins. Il se confond avec le prix des choses, dont il forme en quelque sorte un élément accessoire et le contribuable l'acquitte insensiblement au fur et à mesure de ses achats.

C'est ce mode de recouvrement qui fait de l'octroi un impôt indirect de consommation.

Ce n'est pas, comme on pourrait le croire, un droit de circulation ou de mouvement. Il n'est point dû, en effet, à l'occasion d'un déplacement de denrées sujettes aux taxes, car ce n'est pas le fait du transport sur la voie publique que l'on veut atteindre. Uniquement destiné à subvenir aux dépenses de la cité, l'octroi atteint exclusivement la consommation de la cité. Et ce principe entraine des conséquences qu'il convient de signaler. Les objets préparés, récoltés ou fabriqués dans l'intérieur de la ville, s'ils sont réservés à la consommation du lieu, sont frappés des droits (1). Par contre, les marchandises venant de l'extérieur et qui ne sont pas destinées à être consommées dans l'intérieur de la commune échappent à l'impôt. De là les formalités de l'entrepôt, du passe-debout et du transit.

Indiquons brièvement en quoi elles consistent. Le passe-debout, c'est le passage par une commune ou le séjour dans cette commune pour une durée inférieure à 24 heures. Le transporteur obtient un permis au bureau d'entrée moyennant la consignation ou le cautionnement des droits. La restitution des sommes consignées ou la libération de la caution s'opèrent au bureau de sortie (2).

Si le séjour doit se prolonger au-delà de 24 heures, le transporteur fait une déclaration de transit. Il doit faire connaître aux préposés de l'octroi l'endroit où les marchan-

---

(1) Art. 24 ordon. du 9 décembre 1814 et art. 10 décret du 12 février 1870.

(2) Art. 60, décret du 17 mai 1809. Art. 37 ordon. du 9 décembre 1814.

dises seront déposées. Celles-ci doivent être représentées à
toute réquisition des employés. La consignation et le
cautionnement des droits dureront pendant tout le temps
du séjour (1).

L'article 41 de l'ordonnance du 9 décembre 1814 définit
l'entrepôt : « la faculté accordée à un négociant de recevoir
et emmagasiner dans un lieu sujet à l'octroi, sans acquittement du droit, des marchandises qui y sont assujetties et
auxquelles il réserve une destination extérieure. » L'entrepôt est dit réel quand les marchandises sont placées dans
un magasin public, sous la surveillance de l'octroi : fictif
quand elles sont déposées dans les locaux de l'entrepositaire.

Cette idée que l'octroi doit atteindre uniquement la
consommation locale est une idée moderne. Il arrivait,
très fréquemment, sous l'ancienne monarchie, que les tarifs atteignaient les objets qui ne faisaient que traverser
la commune. A cette époque, l'octroi constituait réellement
une douane intérieure et apportait de sérieuses entraves
au commerce (2). L'arrêté du 29 nivose an VII et la loi
du 27 frimaire an VIII qui établirent le passe-debout et le
transit et réglèrent les formalités relatives à leur emploi
posèrent pour la première fois le principe qui a toujours
été maintenu depuis.

L'octroi, d'ailleurs, ne peut en aucun cas constituer un
droit protecteur pour le commerce et l'industrie de la commune. Les taxes ne sont établies que dans un but fiscal
et ce serait en changer la nature que d'en user comme

(1) Art. 67, décret du 17 mai 1809. Art. 38 ordon. du 9 décembre
1814.

(2) ROUSSET, *Histoire des impôts indirects*, p. 336.

instrument de protection. Nous rappelons, à ce sujet, que l'ordonnance du 9 décembre 1814 admettait une exception à cette règle en ce qui concerne les bières. Cette exception elle-même a disparu, elle a été formellement abrogée par le décret du 12 février 1870.

Ajoutons que l'octroi est aujourd'hui perçu au profit exclusif des villes. On sait qu'il a fallu des siècles pour faire triompher ce principe. Les abus de l'ancien régime nous sont connus : nous avons vu, au cours de notre historique, le produit de l'impôt absorbé à maintes reprises dans l'épargne royale. Après leur réapparition, les octrois furent soumis à de nouveaux prélèvements : 10 0/0 au profit de l'État, (lois du 24 frimaire an XI et du 24 avril 1806). 1/20 pour l'entretien des compagnies de réserve (décret du 24 floréal an XIII). 1 0/0 au profit de la caisse des invalides (décrets du 25 mars et du 23 juillet 1811). — La loi du 28 avril 1816 ne maintint que le premier de ces prélèvements. Il disparut lui-même lors du décret du 17 mars 1852. C'est ce décret qui rendit à l'octroi son véritable caractère et en fit un impôt exclusivement municipal.

Cependant la loi du 15 mai 1818 (art. 46), oblige les communes à octrois pourvues d'une garnison à verser à l'État une contribution pour frais de casernement. Cette contribution, qui ne peut excéder 7 francs par homme et 3 fr. par cheval pour une année entière ou 365 jours d'occupation, est recouvrée par l'administration des contributions indirectes, sur la production d'états dressés par les intendants militaires. — On considère qu'il n'y a pas là, en réalité, un prélèvement sur l'octroi, mais plutôt un dédommagement pour l'État, tenu de l'entretien et du loyer des bâtiments militaires et qui, au surplus, acquitte les taxes sur la consommation des troupes casernées dans la ville.

L'imposition annuelle de 7 fr. par homme et 3 fr. par cheval est parfois excessive, étant donnée l'importance de la ville et le profit peu sensible qu'elle retire de la présence de sa garnison. La commune peut alors être admise à souscrire un abonnement fixe au lieu et place de la contribution ordinairement exigée. Cet abonnement qui doit être approuvé par le chef de l'État après avis des ministres de la guerre et des finances est généralement imité à cinq ans.

Il nous reste à distinguer l'octroi du droit d'entrée. Tous deux sont perçus aux barrières des villes ; mais là s'arrêtent les ressemblances. Le droit d'entrée est dû à l'État dans les communes d'une population agglomérée de 4.000 habitants au moins. Il est fixé par une loi et ne frappe que les boissons et dans certains cas les huiles (1). — Le droit d'octroi, au contraire, établi dans les communes dont les ressources sont insuffisantes, est une imposition locale dont la ville est seule appelée à bénéficier. Délibéré et voté par les conseil municipaux, il est définitivement approuvé par décret.

(1) Art. 3 de la loi du 12 décembre 1830. Le tarif du droit d'entrée pour l'alcool est fixé par la loi du 26 mars 1872, pour les vins par la loi du 19 juillet 1880, pour les huiles par la loi du 31 décembre 1873.

CHAPITRE II

DE L'INITIATIVE DES CONSEILS MUNICIPAUX EN MATIÈRE D'OCTROI ET DE LA TUTELLE ADMINISTRATIVE.

D'après les dispositions de l'article 147 de la loi du 28 Avril 1816, l'établissement d'un octroi dans une commune ne peut avoir lieu que sur la demande du conseil municipal. C'est lui qui, suivant des règles que nous aurons à étudier, fixe et réglemente le tarif, les limites et le mode de la perception. C'est lui qui désigne les objets imposables. C'est à lui qu'il appartient de modifier et de supprimer les taxes. — Aujourd'hui donc, les habitants d'une commune ne peuvent être assujettis à l'octroi que sur la volonté formelle de leurs représentants. Il est de toute justice qu'il en soit ainsi. L'octroi, impôt communal, doit être voté par les mandataires de la cité. Il ne doit être modifié ou supprimé que par eux. Élus de la ville, ils en connaissent les besoins et les ressources, ils savent ce que peut le contribuable et ce qu'exigent les nécessités budgétaires. S'ils recourent à l'octroi, c'est sans doute en connaissance de cause, c'est qu'ils auront pesé les avantages et les inconvénients de cette forme d'imposition et qu'en définitive, ils l'auront préférée à toute autre. On ne la leur impose pas. Le gouvernement, qui ne renonce cependant pas à ses droits, n'intervient pas au moment de la délibération ; il n'interviendra que plus tard pour approuver ou refuser. Ses pouvoirs sont purement modérateurs. il n'ordonne pas, il autorise (1).

Et cette indépendance laissée au conseil municipal est, à nos yeux, une raison décisive en faveur du maintien de l'octroi (2). L'impôt qu'on veut abolir n'existe et ne subsiste que du consentement formel des autorités locales, et c'est pourquoi M. Rouher disait au Corps législatif, qu'il n'en était pas de plus légitime dans son principe Pourquoi donc porter atteinte à cette prérogative des assemblées communales de déterminer librement les taxes qui leur paraissent convenir le mieux aux besoins de la ville et aux intérêts des habitants ?

Il s'en faut que les municipalités aient toujours possédé cette liberté qui semble aujourd'hui excessive à certains réformateurs. La loi du 28 Avril 1816 a consacré un progrès marqué sur les lois du Consulat et de l'Empire. Celles-ci, moins libérales que la loi de la Restauration, permettaient au gouvernement d'établir un octroi d'office. Aux termes de la loi du 5 ventôse an VIII, si le conseil municipal refusait ou négligeait de délibérer, s'il votait contre la création d'un octroi reconnu nécessaire, celui-ci pouvait être imposé à la commune. Toute suppression,

(1) « L'autorité réservée au pouvoir central n'est pas une autorité d'action, mais une autorité de contrôle. » DUFOUR, *Droit administratif appliqué.* VII, p. 185.

(2) « Je suis surpris, disait Wolowski en 1867, que dans un pays où l'on se plaint généralement d'une centralisation abusive, où il se produit chaque jour des réclamations en faveur de l'action des pouvoirs locaux, on veuille atteindre cette action des pouvoirs locaux dans ce qui constitue une des attributions essentielles de la décentralisation sérieusement comprise, c'est-à-dire le droit de frapper des taxes suivant le mode qui paraît le plus convenable aux habitants. » DELOYNES, *Les octrois et les budgets municipaux,* p. 42.

BERTRAND   6

toute modification apportée au tarif devait être approuvée
par l'autorité supérieure. Cette réglementation sévère fut
confirmée par le décret du 17 mai 1809. Celui du 8 février 1812 alla plus loin encore. Pour éviter le renouvellement de certaines irrégularités qui s'étaient produites
dans la levée de l'impôt, il confia à l'administration des
Droits Réunis le recouvrement des taxes indirectes et locales. On ne saurait méconnaître que cette disposition
eût d'heureux résultats pour les finances des communes.
Elle permit de constater l'importance réelle des produits
de l'impôt, les sommes nécessaires à sa perception, elle
mit fin à nombre d'abus qu'avait trop longtemps tolérés la
faiblesse des administrations locales (1), mais elle enlevait à ces dernières toute initiative, tout pouvoir, toute
responsabilité. « Le gouvernement central, dit M. le vicomte d'Avenel, se faisait lui-même le conseil municipal
de chacune des communes de France. L'Administration
supérieure, tutrice des villes, abusait de sa tutelle pour tenir si bien ses pupilles en lisière qu'elle vivait à leur
place. Et les conseils municipaux ne pouvaient rien faire,
rien décider dans leur propre domaine pour leurs propres deniers. Le pouvoir central s'arrogeait la faculté
d'établir, d'imposer, de régler, d'augmenter, de maintenir, de percevoir les fonds (2). »

(1) « S'agissait-il d'affermer l'impôt, la plupart des communes igno-
raient la valeur des produits de l'octroi et manquaient de base pour
déterminer le produit des baux. L'octroi était-il en régie, le défaut
d'intelligence, de conduite, de tenue dans le personnel entretenaient
le désordre et la dilapidation. » DALLOZ, *Jurisprudence générale*
au mot octroi, n° 9. DUFOUR. *Droit administratif appliqué.* VII,
p. 172 et suiv.

(2) D'AVENEL, *Les octrois en France et à l'étranger.*

Ces mesures excessives ont heureusement disparu (1) et l'indépendance des communes est aujourd'hui à peu près complète. Avec la loi du 28 avril 1816, le gouvernement entrait résolument dans la voie de la décentralisation. Chacune des étapes franchies depuis lors constitue un progrès pour les libertés municipales. Peu à peu, la sphère d'action des pouvoirs locaux s'est étendue, leur droit d'initiative s'est complété, leur part de responsabilité est devenue plus effective. Toutefois l'autonomie n'est pas encore absolue; le législateur n'a pas abandonné son droit de contrôle, il n'a pas abdiqué tout pouvoir en matière d'octroi.

L'intervention du gouvernement trouve sa raison d'être et sa justification dans la nécessité de sauvegarder les intérêts généraux du pays (2). Elle aura pour effet d'assurer une certaine uniformité dans la règlementation de l'impôt, d'éviter toute tentative de protectionnisme local, de maintenir les tarifs à des taux modérés. Des municipalités imprudentes pourraient détourner les taxes de leur véritable but, s'isoler les unes des autres par des droits prohibitifs et favoriser les produits locaux au détriment des produits du reste du territoire. Il est à craindre également que le droit d'octroi, s'il est élevé, et s'il atteint toutes les denrées de consommation, ne pèse lourdement sur les classes pauvres, qu'il ne restreigne la production

(1) Art. 147 loi de 1816. Art. 137 loi du 5 avril 1884.

(2) « Si les conseils municipaux sont appelés à proposer les droits qu'ils jugent convenable d'établir au tarif de leur octroi, il appartient toujours au gouvernement d'examiner si l'intérêt général permet de les admettre ou de les modifier. » BREQUET, *Répertoire de droit administratif* au mot commune, n° 3119 et 3130. Cons. d'État, 4 avril 1848.

et n'exerce, par suite, une influence fâcheuse sur la prospérité générale du pays. Le gouvernement ne l'ignore pas. Il perçoit, d'ailleurs, pour son propre compte, des impôts de consommation et il ne veut pas que les taxes locales puissent nuire à leur rendement. C'est pourquoi il intervient. Après avoir limité le nombre des objets imposables, il fixera pour chacun d'eux des maxima que les tarifs ne pourront dépasser sans une autorisation spéciale. Il soumettra leur établissement à son approbation préalable, leurs modifications, leurs prorogations à des règles précises (1). Ainsi, le droit d'octroi maintenu à un taux modéré n'aura que peu d'influence sur le développement de la production, il n'opprimera personne et tous, même les moins favorisés de la fortune, l'acquitteront facilement. Le contrôle de l'État aura encore cet avantage de mettre en garde les conseils municipaux contre des dépenses exagérées et de ménager à la fois les finances des villes et les ressources des contribuables.

(1) « Au moyen de ces pouvoirs respectifs d'initiative et d'autorisation, tous les droits demeurent saufs, celui de la commune et celui de l'État. La première ne peut être imposée sans son aveu, le second assure aux lois et aux règlements d'administration leur empire en refusant l'exécution de tout ce qui y porte atteinte. » Dal. R. vo Octroi, n° 336.

CHAPITRE III

Si les revenus d'une commune sont insuffisants pour ses dépenses, il peut y être établi, sur la demande du conseil municipal, un droit sur les consommations. Ainsi s'exprime l'art. 147 de la loi du 28 avril 1816, qui reproduit à peu près les dispositions de l'art. 5 de l'ordonnance de 9 décembre 1814. La demande de création doit donc être justifiée par la situation financière de la commune. Il faut que les ressources de celle-ci soient insuffisantes pour faire face à ses besoins. La loi du 27 vendémiaire an VII qui institua à Paris un octroi municipal et de bienfaisance exigeait davantage. A cette date, l'établissement des taxes indirectes et locales devait avoir spécialement pour but de subvenir à l'entretien des hospices et des hôpitaux. En limitant ainsi à un intérêt d'assistance le rôle des impositions rétablies, on voulait donner une satisfaction à l'opinion publique qui craignait le retour des anciens abus. Mais l'affectation spéciale prévue par la loi de vendémiaire disparût de bonne heure. Le 11 frimaire an VII, le gouvernement autorisait l'établissement de taxes indirectes et locales dans toute commune dont les recettes ordinaires ne pourraient fournir en entier aux dépenses. C'était la généralisation du but primitivement assigné à l'octroi. Désormais, cette imposition devait cons-

tituer une ressource supplémentaire pour les communes
et subvenir à toutes les dépenses municipales.

Certains auteurs (1) se sont fondés sur les dispositions
de la loi de vendémiaire pour attribuer à l'assistance publique un véritable privilège sur le produit des droits
d'octroi. En faveur de cette opinion, ils ont encore invoqué
les termes de la loi du 5 ventôse an VIII « il sera établi
des octrois municipaux et de bienfaisance sur les objets
de consommation locale dans les villes dont les hospices
n'auront pas de revenus suffisants ». Sans doute, disent-
ils, l'ordonnance de 1814 et la loi de 1816 sont moins
explicites, elles stipulent seulement que l'octroi est destiné à subvenir aux dépenses qui sont à la charge des communes. Mais ni l'ordonnance ni la loi n'ont pour but d'in-
nover, ni l'une ni l'autre n'abolissent le privilège antérieurement établi: leur texte même aussi bien que les
circulaires qui le commentent ne laissent aucun doute à
cet égard. « Les conseils municipaux, dit une circulaire
du 10 mai 1816, s'assureront que les produits de l'octroi
pourront suffire aux besoins des villes, des hospices,
bureaux de bienfaisance et des établissements d'instruction auxquels elles doivent des subsides. » — De même,
l'instruction générale sur la comptabilité des hospices et
bureaux de bienfaisance du 8 février 1823 décide que « les
conseils municipaux déterminent, à leur session de mai, la
quotité des subventions à accorder aux hospices sur les
octrois et autres revenus de la commune. » Enfin, une or-

---

(1) ALEXIS CHEVALIER, *Revue générale d'administration.* —
*Du caractère obligatoire des subventions allouées sur l'octroi
aux hospices et bureaux de bienfaisance*, 1883, II, p. 144.

FEILLET, *Revue générale d'administration*, 1886, III, p. 274.

donnance royale du 31 mai 1838 porte que « la quotité des fonds que les communes doivent prélever sur leurs octrois, pour les verser dans les caisses des établissements de charité, est déterminée chaque année par l'autorité qui fixe les budgets d'après les demandes des commissions administratives et les délibérations des conseils municipaux. » Ce sont là de sérieux arguments. Observons, toutefois, que la loi de vendémiaire qui prévoit expressément les secours aux hospices est spéciale à la ville de Paris. La loi de frimaire an VII, applicable celle-là à tout le territoire, généralise la création de l'octroi au cas d'insuffisance des revenus ordinaires de la commune. Quant à l'argument tiré de la loi de l'an VIII, il perd considérablement de sa valeur si l'on songe que cette loi avait principalement pour but de donner au gouvernement le droit d'établir des octrois d'office dans les villes dont les hospices n'auraient pas de revenus suffisants, et que ce pouvoir exorbitant a disparu avec l'ordonnance de 1814 et la loi de 1816. Ajoutons qu'il n'y a pas pour les communes d'obligation légale à secourir leurs pauvres ou leurs malades (1). Il n'y a pour elles qu'un devoir moral. Les circulaires ministérielles, les ordonnances royales ne peuvent prévaloir contre les dispositions d'un texte législatif : les lois municipales de 1837 et de 1884 n'ayant pas fait figurer les subventions à l'assistance publique parmi les dépenses obligatoires des

_____

(1) Ceci n'est plus tout à fait exact depuis la loi du 15 juillet 1893 dont l'art. 1er porte : « Tout français malade privé de ressources reçoit gratuitement de la commune, du département ou de l'État suivant son domicile de secours, l'assistance médicale à domicile ou dans un établissement hospitalier. » La loi du 15 juillet est restreinte aux malades, elle laisse en dehors de son application les vieillards et les infirmes incurables.

communes, l'opinion de MM. Alexis Chevalier et Feillet nous paraît difficilement admissible.

Dans tous les cas, les dépenses auxquelles la création d'un octroi est destinée à pourvoir doivent être exclusivement municipales. Des taxes locales qui seraient établies, en tout ou partie, dans l'intérêt de l'État ou du département ne seraient pas approuvées par l'autorité supérieure (1). C'est ainsi qu'il a été jugé que l'institution d'un octroi ne pouvait avoir pour but d'exonérer le département ou l'État des dépenses légitimes qui leur incombent dans le service de l'instruction primaire.

La jurisprudence exige, en outre, qu'il s'agisse de dépenses ordinaires. La loi municipale de 1837 ne laissait aucun doute à cet égard. Elle rangeait expressément le produit des octrois parmi les recettes ordinaires des villes, voulant ainsi qu'il fût affecté aux besoins de même nature. Une circulaire du ministre de l'intérieur du 24 juin 1856 précisait encore cette solution en décidant « que les octrois ne devaient pas avoir pour objet des dépenses extraordinaires, accidentelles et transitoires » (2). C'était là le principe, mais des nécessités pratiques avaient fait admettre un tempéramment. L'octroi une fois autorisé pour le paiement des dépenses ordinaires, la commune pouvait avoir à faire face à des besoins imprévus et momentanés. On procédait alors de deux manières. On ajoutait des décimes et des centimes additionnels au principal des taxes déjà existantes. On pouvait aussi imposer des objets non

---

(1) DALLOZ, *Supplément au répertoire.* V° octroi, n· 28. TURQUIN *Manuel des octrois*, p. 121. Cons. d'État. 5 janvier 1876.

(2) TRESCAZES, *Dictionnaire des Contributions indirectes* au mot octroi, n· 13.

encore inscrits au tarif. Ces nouvelles contributions pre-
naient le nom de taxes additionnelles.

Décimes et taxes additionnelles furent d'abord autorisés
pour permettre aux communes de réparer les dommages
causés par les invasions de 1814 et de 1815 (1). Leur
destination fut étendue par la suite ; mais, dans tous les
cas, ces impositions ne devaient avoir pour but que des
dépenses extraordinaires et momentanées. Elles figuraient
au budget extraordinaire.

Cette distinction des taxes principales et des taxes additionnelles, dont nous indiquons plus loin l'intérêt pratique, n'a pas été maintenue par la loi du 5 avril 1884 qui
divise les taxes d'octroi en taxes principales, taxes spéciales et surtaxes. Les articles 133 et 134 de cette dernière
loi ajoutent que le produit des droits d'octroi figure soit
aux recettes ordinaires soit aux recettes extraordinaires
du budget municipal. Au budget ordinaire, s'il est affecté
aux dépenses ordinaires ; au budget extraordinaire dans le
cas contraire (2). Une circulaire du ministre de l'Intérieur,
du 15 mai suivant, estime que la loi nouvelle n'a fait que
consacrer les règles antérieurement admises par la pratique, et que seul le produit des taxes spéciales et des
surtaxes doit être affecté à des dépenses extraordinaires
et figurer au budget extraordinaire. Le principe adopté
jusqu'à la loi de 1837, confirmé par les articles de cette
loi et par les circulaires qui l'ont suivie subsiste donc.
Aujourd'hui encore, la demande de création d'octroi serait
repoussée par le Conseil d'État, si elle n'avait d'autre but

(1) Art. 47, loi du 25 mars 1817.
(2) BEQUET, *Répertoire du droit administratif*. V° Commune,
n° 3143-3144-3220.

que de subvenir à des besoins accidentels : tels que remboursements d'emprunts, constructions d'écoles, d'hôpitaux, acquisitions d'immeubles. Av. du C. d'État 25 avril et 24 octobre 1893.

Le Conseil d'État veut aussi qu'avant de s'adresser à l'octroi, les assemblées municipales aient voté tous les centimes additionnels ordinaires ou spéciaux dont elles peuvent disposer en vertu des lois de finances. Quand une commune pourvoit à ses dépenses ordinaires sans avoir recours aux centimes additionnels pour insuffisance de revenus, l'établissement d'un octroi n'y serait pas autorisé. La haute assemblée exige, enfin, que les frais de recouvrement des taxes proposées ne soient pas trop élevés. Un octroi dont la perception occasionne plus de 12 à 15 0/0 de frais est un impôt onéreux, auquel on ne doit recourir qu'en cas de nécessité absolue. Les conseils municipaux des villes peu importantes devront donc s'abstenir de demander à ce genre de contribution les ressources dont ils ont besoin (1). Dans ces communes, le rendement des taxes de consommation est très faible, leur recouvrement est difficile, il donne lieu à des fraudes nombreuses

---

(1) Avis du Cons. d'État. « Tout en prenant en considération la situation financière de la commune, la section du Cons. d'État est d'avis qu'il n'y a pas lieu de donner suite au projet. Il ne résulte pas du dossier que les insuffisances du budget réclament nécessairement la création demandée. Les dépenses présentées comme urgentes semblent au moins discutables, et quant aux autres la commune peut attendre l'époque très prochaine où les centimes facultatifs deviendront disponibles. — Si les tarifs et règlements sont régulièrement établis, les frais de perception absorberaient 30 0/0 du produit de l'impôt. — La section verrait un sérieux inconvénient à autoriser dans une commune d'une aussi faible population, l'établissement d'un octroi. » Commune de Gueugnon, 25 mai 1875. Turquin, p. 121.

et les frais qu'il entraine ne sont point en rapport avec le produit obtenu.

Aux termes de la loi du 21 avril 1832, la création de l'octroi dans une commune peut aussi avoir pour but le remplacement total ou partiel de la contribution personnelle mobilière. Celle-ci se compose, en réalité, de deux éléments : la cote personnelle que le contribuable acquitte d'après la valeur attribuée à la journée de travail et la cote mobilière basée sur l'importance du loyer. Le principe de cette conversion remonte à l'ancienne monarchie. A cette époque, les villes qui en faisaient la demande pouvaient être autorisées à acquitter au moyen de prélèvements sur leurs octrois, tout ou partie du montant de la taille qu'elles devaient payer annuellement. La loi du 24 avril 1806 revint à ce système en décidant : que le remplacement du montant des taxes somptuaire et mobilière des villes à octroi pourrait être opéré par une perception sur les consommations. Cette faculté, suspendue en 1808, rétablie par la loi du 25 mars 1817, fut vivement critiquée, au début de la monarchie de juillet, par les adversaires de l'impôt indirect. Ceux-ci obtinrent tout d'abord une demi-satisfaction. La loi du 26 mars 1831 maintint les conversions existantes, mais les interdit pour l'avenir. Cette restriction disparût d'ailleurs l'année suivante.

Le mobile qui a inspiré le législateur de 1832 nous est connu. En autorisant les assemblées municipales à substituer un impôt à un autre, il a voulu venir en aide à la classe indigente et lui faciliter l'acquittement de ses contributions. « Insupportable sous la forme directe, dit Thiers, la somme obtenue devient insensible sous la forme indirecte (1). »

(1) THIERS, *De la propriété*. Ch. IV, de l'impôt, p. 405.

La loi du 3 juillet 1846 a apporté une modification importante aux dispositions antérieurement établies. Aux termes de la loi du 21 avril 1832, les conseils « déterminent la portion du contingent qui doit être prélevé sur les produits de l'octroi. La portion à percevoir au moyen d'un rôle, est répartie en cotes mobilières seulement au centime le franc des loyers d'habitation, après déduction des faibles loyers que les conseils municipaux jugeront devoir exempter ». Le conseil municipal de Paris crut pouvoir faire davantage, et, après avoir exonéré complètement certains loyers, en affranchit partiellement certains autres au moyen d'un tarif gradué en raison inverse de leur importance. Le gouvernement sanctionna cette pratique. La loi du 3 juillet 1846 porte en effet : « La portion du contingent restant à percevoir au moyen d'un rôle, pourra être répartie soit au centime le franc des loyers d'habitation, soit d'après un tarif gradué en raison de la progression ascendante des loyers. »

Cette loi rencontra dans les Chambres une certaine opposition. Beaucoup estimaient dangereux et regardaient même comme contraire à la constitution le pouvoir accordé aux assemblées municipales d'établir ainsi la progressivité de l'impôt. Cependant la loi fut votée, mais, depuis lors, des difficultés d'application se sont produites et à diverses reprises le Conseil d'État dût intervenir.

D'après la jurisprudence de cette assemblée, le montant du dégrèvement total ou partiel doit être en entier prélevé sur l'octroi, et les conseils municipaux ne peuvent, au moyen d'un tarif gradué, faire payer à certains loyers une somme supérieure à celle qu'ils auraient acquittée, s'il n'y avait pas eu prélèvement (1).

(1) C. d'État, 2 juillet 1874, D. 75. 3. 57.

Un exemple fera comprendre quelle est en cette matière la nature et l'étendue des attributions municipales.

Supposons qu'à Versailles le contingent personnel mobilier en centimes additionnels comme en principal soit de 60.000 fr. Sur ce chiffre, le produit des cotes personnelles s'élève à 15.000 ; il reste à répartir en cotes mobilières 45.000 francs. Le montant des loyers d'habitation imposables est, par exemple, de 450.000 francs ; le centime, le franc à appliquer au loyer d'habitation est donc de 10 0/0.

Le conseil municipal décide de prélever sur l'octroi une somme de 20.000 fr. Il doit, tout d'abord, affranchir complètement les cotes personnelles ; les cinq autres mille francs viendront en déduction de la somme à répartir en mobilières.

Le conseil peut répartir la somme de 40.000 fr. au centime le franc des loyers d'habitation, soit, en n'exemptant aucun loyer et en leur appliquant à tous un tarif réduit à 8.88 0/0 dans l'hypothèse (8.88 × 450.000 = 40.000), soit en affranchissant complètement les petits loyers, par exemple, ceux de 100 fr. et au-dessous dont le total serait par hypothèse égal à 20.000 fr. et attribuer aux autres une taxe uniforme de 9.33 0/0.

Il peut aussi adopter un tarif gradué, et après avoir exonéré complètement les loyers de 100 fr. et au-dessous, dont le total est de 20.000, attribuer une cote de 6.25 0/0 aux loyers de 100 à 300 fr. dont le total serait, par exemple, de 80.000. Aux logements de 300 fr. et au-dessus dont le total est de 350.000, il appliquerait une taxe de 10 0/0.

Dans toutes ces hypothèses, conformément à la jurisprudence du Conseil d'État, la taxe attribuée aux loyers les plus élevés ne dépassera pas celle qu'ils auraient eu à payer, s'il n'y avait pas eu prélèvement.

La demande de conversion ne devient exécutoire qu'une fois approuvée par le chef de l'état (1).

(1) Il n'y a actuellement que trois villes en France qui usent de la faculté de conversion permise par les lois de 1832 et de 1846. Paris, Versailles et Montluçon.

CHAPITRE IV

ATTRIBUTIONS DU CONSEIL MUNICIPAL. SON ROLE DANS L'ÉTABLISSE-
MENT DES TAXES.

§ I. Désignation des objets imposables.

Le conseil municipal délibère sur la création de l'octroi
soit d'office, soit sur la proposition du préfet. L'assemblée, dit l'article 147 de la loi de 1816, désigne les objets
à imposer, fixe le tarif et les limites de la perception. Elle
décide si le mode de recouvrement appliqué à l'impôt
sera la régie simple, la régie intéressée, le bail à ferme
ou l'abonnement avec les contributions indirectes. Les
termes mêmes employés par la loi indiquent que le conseil municipal est souverain sur ce dernier point. Ses
décisions à cet égard sont sans appel (1). Il n'en est pas
ainsi des délibérations relatives aux tarifs et aux limites
de l'octroi. Celles-ci sont subordonnées à des règles d'intérêt public et nous avons dit, précédemment, qu'elles
pouvaient être annulées ou modifiées par l'autorité supérieure.

Les lois du 9 germinal an V et du 27 vendémiaire an
VII ne contenaient aucune classification des matières pouvant être assujetties à l'octroi. A la seule condition de

_____

(1) DALLOZ. *Jurisprud. générale* V° octroi, n. 58.

n'imposer que des objets de consommation locale et
d'exempter les grains, farines et autres menues denrées
servant à la nourriture habituelle des hommes, les municipalités pouvaient recourir aux taxes qui leur paraîtraient
les plus convenables pour suppléer à l'insuffisance des
centimes additionnels. On exigeait seulement que les
droits établis fussent proportionnés au montant des sommes rigoureusement nécessaires aux communes (1).

Le décret du 17 mai 1809 apporta une restriction assez
importante aux attributions des assemblées locales, en
décidant que les tarifs ne pourraient atteindre que les
objets compris dans les cinq divisions suivantes : boissons et liquides, comestibles, combustibles, fourrages,
matériaux de construction. — En limitant ainsi les catégories imposables, l'Etat, ainsi que l'expliquait, par la
suite, M. l'avocat général Rouland, voulait tenir compte,
dans une certaine mesure, de l'hostilité qu'avaient ren-
contrée, sous l'ancienne monarchie, les taxes indirectes et
des craintes que soulevait parfois leur rétablissement. Le
pouvoir central, qui s'arrogeait le droit d'établir un octroi, malgré l'opposition du conseil municipal intéressé,
estimait prudent de rassurer les citoyens contre les abus
que pouvait entraîner l'exercice de ce droit. C'est cette
pensée qui avait inspiré l'énumération contenue dans le
décret. « Si l'impôt était inévitable, on obtenait du moins
la certitude qu'il ne frapperait qu'une partie des objets
dont l'universalité était auparavant susceptible de
taxes (2) ».

(1) Art. 56, loi de frimaire, an VII. — « Les assemblées municipales devaient aussi avoir égard aux exceptions et franchises qui
pourraient être jugées nécessaires au commerce de la commune. »
(2) DALLOZ, 1852. 1. 67.

L'ordonnance de 1814 confirma ce système, mais ses dispositions ne furent pas reproduites par la loi de 1816. Les articles 147, 148 de cette dernière loi stipulent seulement « que les droits d'octroi continueront à n'être imposés que sur la consommation intérieure » ajoutant, qu'il ne pourrait être fait d'exception à cette règle que dans des cas extraordinaires et en vertu de lois spéciales. Ces deux articles abrogeaient-ils les anciennes prescriptions?

Non, d'après les uns : le mot,— continueront, — était, en effet, des plus explicites. Il indiquait clairement que la législation précédente était maintenue. — En sens contraire, on invoquait la généralité des termes employés par l'article 147. Des nécessités politiques accidentelles, disait-on, avaient seules pu justifier les dispositions du décret de 1809. La loi de 1816 était revenue aux véritables principes. L'impôt de consommation, motivé par les charges budgétaires de la commune, n'ayant d'autres limites que ces charges mêmes. Avec la loi de 1816, l'octroi ne peut plus être imposé aux habitants. L'assemblée municipale, à qui est rendu le droit d'établir les taxes qu'elle juge indispensables, doit recouvrer aussi le droit qu'elle avait perdu de désigner, en toute indépendance, les objets qu'elles atteindront. D'ailleurs, le verbe — continueront, — seule cause de la controverse, n'avait pas l'importance que lui attribuaient les partisans du premier système. Il signifiait seulement que l'octroi serait, comme par le passé, restreint à la consommation locale. On ajoutait, enfin, qu'en augmentant le nombre des articles imposables, on permettait, par là même, de réduire le droit applicable à chacun d'eux. Au lieu de pousser à ses dernières limites l'impôt sur les consommations usuelles, n'était-il pas plus sage de n'avoir que des droits toujours modérés, parce qu'ils se

BERTRAND   7

rapporteraient à une plus grande diversité d'objets (1) ?

Longtemps la jurisprudence se montra hésitante. Puis, la Cour de Cassation, par un arrêt du 18 février 1852, et sur les conclusions conformes de M. l'Avocat général Rouland, décida : que les articles 147 et 148 de la loi du 28 avril 1816, conçus en termes très généraux, abrogeaient virtuellement les dispositions par lesquelles la législation précédente limitait à cinq catégories les matières imposables au tarif de l'octroi. Cette doctrine, confirmée par un nouvel arrêt du 9 juillet 1854, n'a pas été contestée depuis. En principe, tout objet de consommation intérieure peut être soumis à l'octroi si une disposition formelle du pouvoir central ne l'en a pas exempté.

Le décret du 12 février 1870 qui, aux cinq divisions précédentes en ajoute une sixième sous le titre d' « objets divers » n'est pas lui-même limitatif. Sans doute, l'article 1er stipule que « le maximum des taxes d'octroi que les conseils municipaux peuvent établir et la nomenclature des objets sur lesquels ils peuvent maintenir les taxes sont fixés conformément à un tarif général annexé au décret. » Mais cette règle n'est pas absolue. La loi de 1867, qui a prescrit l'élaboration du tarif type, a eu soin d'indiquer elle-même que les dispositions n'en seraient pas strictement obligatoires. Sauf approbation finale qu'elle réserve au gouvernement après avis du Conseil d'État et toujours à la condition expresse que la consommation locale sera seule imposée, elle a voulu laisser une certaine liberté d'appréciation aux communes. Et c'est pourquoi elle pré-

(1) DALLOZ, 1852, 1. p. 67. — BLOCK. *Dictionnaire de l'Administration française* au mot octroi, nos 32 et suivants. *Revue générale d'administration.* 1878. III, p. 321.

voit expressément dans son article 8 — l'établissement ou
le renouvellement de taxes sur des objets non compris au
tarif général — l'établissement ou le renouvellement de
taxes excédant le maximum fixé par ce tarif.

La loi du 5 avril 1884 (art. 137) a maintenu ces principes (1). Aujourd'hui encore, les municipalités ne sont te-
nues de se renfermer strictement dans les limites fixées
par le tarif général, qu'autant qu'elles désirent proroger
de plein droit, en vertu de l'art. 139 de la loi de 1884, les
taxes et tarif de leur octroi. Mais il leur est toujours loi-

(1) Et cette doctrine ne nous paraît nullement infirmée par un
arrêt récent de la Cour de cassation (D. 1896, 1. 77). — La ville de Nice
prétendait garantir au moyen de l'entrepôt les droits sur des métaux
qui n'étaient pas destinés à la construction des bâtiments. Or, d'après
le tarif de l'octroi de Nice, (conforme en cela aux dispositions du tarif général) seuls étaient imposables les métaux considérés comme
matériaux, c'est-à-dire devant servir à la construction des bâtiments.
L'industriel visé protesta et obtint gain de cause devant les tribunaux.
Mais ce serait une erreur, croyons-nous, de voir dans cette décision
de la C. de cas. un abandon de toute sa jurisprudence antérieure et
d'admettre que, désormais, les objets compris au tarif général seront
seuls susceptibles d'être imposés. De la longue note insérée à la suite
de cet arrêt par M. l'Avocat général Sarrut, il résulte bien que le décret du 12 février 1870 est toujours en vigueur, que la loi du 5 avril
1884 n'a en rien innové en ce qui concerne le tarif, qu'elle se réfère
expressément et à plusieurs reprises aux dispositions du décret. Nul
ne songe à contester ce point. Mais, précisément parce que le décret
du 12 février 1870 subsiste, il subsiste dans son intégralité, avec toutes
ses conséquences, tel que l'a prévu la loi du 24 juillet 1867, tel que
l'a maintenu la loi du 5 avril 1884. M. l'Avocat général Sarrut reconnaît lui-même que d'après l'art. 137 de la loi de 1884 les objets non
compris dans la nomenclature peuvent être soumis aux droits si l'imposition en a été autorisée par décret rendu au conseil d'État. Donc
le tarif de 1870 n'est pas strictement limitatif; nous ne prétendons
pas autre chose.

sible de proposer des taxes extra-réglementaires : leurs propositions sont alors soumises au double examen de l'assemblée départementale et du pouvoir central.

Cette législation n'est pas sans inspirer des craintes à certains esprits. On rappelle, à ce sujet, que les auteurs du décret de 1870 s'étaient, avant tout, proposé de réagir contre les tendances de plusieurs assemblées locales qui, entraînées par les facilités de recouvrement de l'impôt, exagéraient les taxes et les tarifs et recouraient à des impositions parfois arbitraires. Or, ajoute-t-on, le but qu'ils poursuivaient n'a peut-être été atteint qu'en partie. « Le type proposé n'enchaîne pas l'administration ni les localités dans des cadres inflexibles, dit M. Leroy Beaulieu ; le terrain est glissant et les municipalités n'ont que trop de penchant à s'abandonner sans mesure à des excursions aventureuses dans un domaine aussi mal circonscrit (1) ». En réalité, l'inconvénient pratique est moins grave qu'on pourrait le croire. Sans doute, l'imposition d'objets non désignés au tarif général peut être admise et les maxima qu'il établit ne sont pas strictement obligatoires. Mais, le plus souvent, les assemblées locales se conforment aux règles édictées par le décret du 12 février 1870. Ce n'est qu'à titre exceptionnel et temporaire (2) et si des nécessités financières l'exigent qu'elles recourent à des taxes extra-réglementaires. D'ailleurs, elles ne sont pas souveraines. Nous avons dit que le gouvernement était appelé à se prononcer ; il ne le fait qu'après avis du conseil d'État. C'est à cette assemblée saisie de l'examen des demandes municipales,

(1) LEROY-BEAULIEU. *Science des finances*. 1. p. 729.
(2) Les taxes extra-réglementaires ne sont autorisées que pour une durée de 5 ans.

qu'il appartient de vérifier la situation budgétaire de la commune, l'état des ressources et des besoins de celle-ci, l'utilité des taxes dont on sollicite l'établissement. A elle, enfin, de prévenir les abus et de soumettre une solution au pouvoir exécutif qui statuera en toute indépendance.

Mais le tarif général mérite peut-être une autre critique. Nous avons dit qu'il établit pour chaque catégorie d'objets imposables un maximum. Ce maximum, qui ne peut être dépassé qu'en vertu d'une autorisation du pouvoir central, varie suivant le chiffre de la population agglomérée. Or, cette classification est quelque peu arbitraire. Elle a le tort d'être trop uniforme et d'appliquer les mêmes règlements à deux cités égales, sans doute, par l'importance de leur population, mais dissemblables sous tous les autres rapports : l'une commerçante et industrielle, l'autre plutôt agricole, ayant des intérêts opposés, des ressources différentes. Lors de la discussion du projet au sénat, M. le président Bonjean avait appelé l'attention sur ce point. « En raison des différences infinies qui existent entre nos communes, disait-il, sous le rapport de leurs populations, de leurs richesses, de leurs besoins, des industries qui s'y exercent, combien ce tarif type unique sera difficile à établir! (1) ». Il eût été plus sage, en effet, de diviser le pays en plusieurs régions. Chacune aurait eu son tarif type et les taxes auraient varié suivant la valeur commerciale dans la contrée des produits soumis à l'octroi.

(1) D'AVENEL. *Les octrois en France et à l'étranger*, p. 20. C'est précisément parce que ce tarif type est identique pour toute la France, qu'il ne peut être strictement obligatoire et limitatif. Il remonte d'ailleurs à plus d' 1/4 de siècle, et pourrait être révisé avec avantage sur certains points.

Nous avons dit précédemment que les objets de consommation locale pouvaient seuls être imposés à l'octroi. Mais que faut-il entendre par ces mots : consommation locale, et quelle est la portée de cette expression ? S'applique-t-elle exclusivement aux denrées destinées aux besoins personnels des habitants de la commune ou bien est-elle générale et les produits employés dans les établissements industriels, dans les usines, dans les manufactures tombent-ils sous le coup de la loi et sont-ils assujettis à l'impôt ? De sérieuses difficultés se sont élevées sur ce point. Les tribunaux et la cour de cassation appelés à prendre parti dans le débat ont émis des solutions différentes et se sont prononcés tour à tour en faveur de l'une et l'autre de ces interprétations.

Les partisans du premier système invoquaient l'art. 11 de l'ordonnance du 9 décembre 1814. « Aucun tarif ne pourra porter que sur les objets destinés à la consommation des habitants du lieu sujet. » Le doute n'est pas possible, disaient-ils, les produits employés dans l'industrie échappent à l'impôt. Ils ne rentrent pas dans la définition de l'article 11. A l'intérieur des usines, ils sont soumis à des préparations qui les altèrent, mais ils se retrouvent sous une autre forme dans les objets fabriqués. Ils ne sont donc pas consommés au sens exact du mot, et surtout ils ne sont pas consommés par les habitants du lieu sujet.

L'art. 148 de la loi de 1816 confirme cette interprétation. « Les droits d'octroi, dit-il, continueront à n'être imposés que sur la consommation locale. » Le mot — continueront — indique qu'il n'y a aucun changement dans la législation et l'expression « consommation locale » doit, comme par le passé, être entendue au sens restreint de l'ordonnance de 1814.

Indépendamment des décisions de certains tribunaux et de certaines cours d'appel, cette explication eut pour elle trois arrêts de cassation (1), ainsi qu'un arrêt du conseil d'État. Devant cette dernière assemblée, le ministre des finances déclara que les produits qui recevaient la destination indiquée, devaient jouir de la franchise des droits d'octroi, d'après les principes posés par l'art. 148 de la loi de 1816.

En sens contraire on disait :

Les lois qui autorisent les taxes indirectes sur les objets de consommation intérieure, sont conçues dans les termes les plus généraux, elles ne prescrivent aucune franchise pour les produits employés dans l'industrie.

Les exceptions sont de droit étroit, elles doivent résulter d'un texte précis et on ne saurait les étendre. La loi de frimaire an VII, dans le but de protéger les classes pauvres, a soustrait à l'impôt, « les grains, les farines et autres menues denrées servant à la nourriture habituelle des hommes. » De plus, et en vertu de ce principe que la consommation locale doit seule être imposée, elle stipule expressément l'exemption des droits pour les marchandises qui ne font que traverser la commune ou y passent en transit. Enfin, l'ordonnance du 9 décembre 1814 (art. 103 et 104) affranchit les approvisionnements en vivres destinés au service de la marine, les matières servant à la confection des poudres. — Là s'arrêtent les exemptions établies par le législateur. Si celui-ci eût admis en faveur de la consommation industrielle le véritable privilège qu'on prétend exister pour elle, peut-on raisonnablement admettre qu'il ne s'en serait pas clairement expliqué, qu'il

(1) D. 1845. I. 38. — 1846. I. 163 et 323.

n'aurait pas établi cette exception en termes exprès et de
nature à dissiper toutes les équivoques ?

Ce qui prouve bien au contraire qu'il n'a entendu stipu-
ler aucune exemption de plein droit pour les objets consommés dans les usines et manufactures, c'est le dispositif
de l'art. 56 de la loi de frimaire. « Les administrations
municipales auront égard aux exceptions et franchises qui
pourraient être jugées nécessaires au commerce de la commune en raison de sa position ». Si donc, ainsi que le faisait remarquer M. l'Avocat Général Dupin, l'octroi n'avait
dû atteindre que la consommation domestique, pourquoi
cette recommandation aux municipalités ? « N'est-il pas
évident que cette faculté d'accorder des franchises au
commerce, là où elles pourront être jugées nécessaires,
implique la conséquence rigoureuse que si ces franchises ne sont pas accordées, ceux qui auraient pu en bénéficier restent assujettis aux droits, par cela seul qu'on n'a
pas jugé opportun de les exempter?... S'il n'est accordé
ni exception ni franchise, il ne reste que la loi générale de
l'impôt » (1).

Mais, dit-on, on ne saurait considérer comme étant de
consommation locale des objets que les habitants du lieu
sujet n'emploient pas à un usage domestique. Les matières
premières introduites dans les usines ne sont pas livrées
à la consommation, elles subsistent, en effet, tout en chan-
geant de nature et se retrouvent dans les produits fabriqués. N'étant pas consommées, elles doivent échapper à
l'impôt. — Il est aisé de répondre. Les termes employés
par l'art. 11 de l'ordonnance de 1814 et par l'art. 148 de la
loi de 1816 n'ont nullement la signification restreinte qu'on

(1) DALLOZ. 1847. I. p. 108.

prétend leur attribuer. Objets de consommation s'oppose
à objets en transit. Et peu importe, au point de vue de la
taxe, que la consommation soit domestique ou qu'elle soit
industrielle. Les opérations faites dans les usines rendent
méconnaissable la matière première introduite, cela suffit
pour qu'elle soit soumise à l'impôt.

Et cela est si vrai que lorsque le législateur a admis la
faculté d'entrepôt, il a obligé l'entrepositaire à déclarer
la nature et la quantité des marchandises qu'il intro-
duisait en franchise dans son domicile. Il a stipulé que ces
marchandises devraient être représentées à la sortie dans
l'état où elles se trouvaient au moment de leur entrée
dans les magasins du négociant, sous peine pour ce dernier de payer les droits. N'est-ce pas la preuve évidente
que le bénéfice de l'entrepôt, c'est-à-dire l'exemption de
l'acquit des droits, est inapplicable à des matières dont
l'emploi entraîne soit la destruction totale soit tout au
moins l'altération complète des formes primitives ? (1)

Étant donnés les termes de la législation existante, il
nous semble que la solution préconisée par M. l'avocat
général Dupin et adoptée en dernier lieu par la Cour de
cassation s'imposait. Mais ce système si juridique, si
conforme au texte même de la loi, présentait dans la pratique de réels inconvénients. Son plus sûr résultat était de
nuire aux villes mêmes dont il prétendait défendre les
intérêts fiscaux.

Obligés d'acquitter des droits souvent élevés sur les
combustibles et matières premières qu'ils employaient
dans leurs fabriques, les industriels établis dans l'enceinte
des villes luttaient difficilement contre la concurrence des

_____

(1) Cass. 8 mars 1847, DALLOZ, 1847. I. p. 108.

usines rivales situées dans les campagnes. Celles-ci, précisément parce qu'elles étaient exonérées des taxes d'octroi, pouvaient produire à meilleur marché et attiraient à
elles toutes les commandes. Les manufacturiers des villes
n'avaient souvent d'autres ressources que de déserter la
commune pour aller se fixer hors du rayon d'octroi.

Le décret du 12 février 1870 est venu porter remède à
cette situation. Nous avons dit qu'au sens strict de la législation alors en vigueur le négociant admis à l'entrepôt
devait, pour bénéficier de l'exemption des taxes, après
avoir déclaré ses marchandises à l'entrée de ses magasins,
les représenter à la sortie dans leur état primitif ou
acquitter les droits (1). Et nous avons ajouté que la
faculté d'entrepôt ainsi réglementée s'opposait à l'exemption réclamée par le commerce et l'industrie. Le décret
de 1870 a modifié cet état de choses. Pour permettre aux
négociants établis à l'intérieur des villes de fabriquer dans
les mêmes conditions que ceux établis hors des barrières,
il a organisé l'entrepôt industriel, c'est-à-dire la faculté
pour les premiers d'introduire, sans acquit préalable du
droit, dans leurs usines particulières, les combustibles et matières premières qu'ils destinent à un usage industriel (2).

Avec l'article 8 du décret, nous distinguerons deux cas :
où le produit ainsi fabriqué n'est pas imposé au tarif local ;
décharge des droits est alors accordée à l'entrepositaire
sur les quantités de combustible et de matières premières
qu'il emploie.

(1) Sauf, bien entendu, dispositions spéciales d'exonération introduites dans certains règlements locaux.
(2) Le négociant admis à l'entrepôt industriel acquitte évidemment
les droits, comme tous les autres contribuables, pour sa consommation
de famille.

Où l'objet est imposé au tarif local. L'entrepositaire obtient également décharge des droits d'octroi pour les quantités expédiées hors du lieu sujet; au contraire, il paie les droits pour celles qu'il ne justifie pas avoir fait sortir du rayon d'octroi.

Ces heureuses dispositions permettent à l'industrie urbaine et à l'industrie rurale de produire et de se développer dans des conditions d'égalité à peu près absolue. Les auteurs du décret de 1870 estimaient avec raison que si la taxe d'octroi ne doit pas protéger la première au détriment de la seconde, elle ne doit pas non plus favoriser la seconde aux dépens de la première.

Indépendamment des règles nouvelles qu'il édicte en faveur des combustibles et matières premières employés dans l'industrie, le décret du 12 février 1870 confirme, en les étendant, les exemptions accordées par la législation antérieure à certains produits considérés comme d'utilité générale.

L'ordonnance du 9 décembre 1814 exemptait des taxes locales les matières servant à la confection des poudres (art. 104). Elle stipulait que les approvisionnements en vivres destinés au service de la marine ne seraient soumis dans les ports à aucun droit d'octroi (art. 103). Ces approvisionnements bénéficiaient du régime de l'entrepôt : le compte en était suivi par les préposés locaux et les droits n'étaient exigés que sur les denrées consommées dans le lieu sujet. Les art. 11 et 12 du décret de 1870, étendent ces dispositions aux combustibles et matières de toute sorte, employés à la confection du matériel de la marine et des constructions navales. — Aux approvisionnements en vivres destinés au service de l'armée de terre et qui ne doivent pas être consommés dans le rayon d'octroi. — Aux matières employées pour la confection et l'entretien du matériel de l'armée. — Il ajoute que les exemptions établies en faveur de la marine de l'État sont applicables à la marine marchande.

De même, les combustibles et matières destinés au service de l'exploitation des chemins de fer, aux travaux des ateliers et à la construction de la voie sont également affranchis des droits d'octroi au moyen de l'entrepôt. Ces produits sont, en effet, d'utilité générale et n'intéressent en rien la consommation locale. Par contre, les objets consommés dans les gares, les salles d'attente, les bureaux des compagnies tombent sous l'application des art. 147 et 148 de la loi de 1816 et sont soumis à la taxe locale.

Des dispositions particulières ont étendu le régime de faveur établi par les articles 11, 12, 13 du décret de 1870. C'est ainsi que le décret du 8 décembre 1882 déclare applicables à la construction et à l'exploitation des lignes télégraphiques, les règles de l'article 13 du décret précité De même, le décret du 19 juin 1888 décide que : « Décharge sera également accordée, dans les conditions spécifiées par la législation précédente, aux combustibles employés dans l'exploitation des mines, à la production de la force motrice, ainsi qu'aux bois, fers, matériaux de toute sorte servant au revêtement et au soutènement des puits et galeries ».

Mais toutes ces exemptions doivent être strictement limitées aux cas spéciaux pour lesquels elle ont été édictées. C'est donc à bon droit que la C. de Cass. a refusé d'appliquer aux tramways les dispositions de faveur édictées par l'art. 13 du décret de 1870 au profit des chemins de fer. Il s'agissait, dans l'espèce (1), de tramways dont le

_____
(1) Cass. 12 novembre 1876. D. 77, 1, 465.

parcours était limité à l'enceinte de la ville. On ne pouvait donc invoquer pour eux le caractère d'utilité générale reconnu aux chemins de fer. Cette solution, croyons-nous, devrait être appliquée, en l'absence d'un texte formel, même au cas où l'exploitation ne serait pas limitée à la circonscription de la commune assujettie.

Certains objets soumis à des droits élevés au profit de l'État, tels que le sucre, le café, le thé, les denrées coloniales ne figurent pas dans la liste des produits imposables. Un droit d'octroi ainsi établi eût pu restreindre la consommation et cela au détriment du Trésor. Or, le législateur ne veut pas que les taxes locales nuisent au rendement de l'impôt. C'est pour le même motif que des lois spéciales ont fixé en ce qui concerne les boissons soumises au droit d'entrée des maxima que les conseils municipaux ne peuvent dépasser qu'avec l'autorisation législative. — Pour l'alcool le maximum de la taxe d'octroi peut égaler le droit d'entrée. — Pour les vins le droit local peut atteindre le double du droit perçu en principal au profit du trésor.

§ II. Fixation des droits exigibles. Taxes et Surtaxes.

Les conseils municipaux n'ont pas seulement à désigner les objets qui figureront au tarif de leur octroi ; ils doivent aussi déterminer pour chacun d'eux le droit exigible. Dans l'élaboration des taxes, ils devront s'inspirer de ce principe « qu'il doit y avoir un certain rapport entre la marchandise et l'impôt et que sur une denrée de peu de valeur, il ne faut pas qu'on mette un droit excessif (1) ».

(1) MONTESQUIEU, *Esprit des lois*, livre XIII.

C'est cette pensée qui a guidé les auteurs du décret de 1870, ils ont estimé avec Montesquieu que l'impôt indirect devait toujours rester modéré, qu'il devait être très faible sur les objets de première nécessité et sur ceux que consommait presque exclusivement la classe indigente. Pour chacune des catégories imposables ils ont fixé le maximum applicable à chaque article. Ce maximum varie suivant le chiffre de la population agglomérée, il ne peut être dépassé qu'avec l'approbation du gouvernement et si les nécessités financières l'exigent.

Les taxes dont les assemblées locales proposeront ainsi l'établissement seront dites *réglementaires* si elles ne portent que sur des objets compris au tarif type et si elles n'excèdent pas les maxima institués par lui ; *extra-réglementaires* dans le cas contraire. Qu'elles soient ou non renfermées dans les limites du tarif général, elles seront *ordinaires ou principales, extraordinaires ou spéciales.* Les premières seules ayant le caractère d'une perception annuelle et permanente figureront, d'après les termes de la loi de 1884, au budget ordinaire de la commune. — Les secondes, essentiellement temporaires, seront affectées au paiement de dépenses extraordinaires nettement déterminées et leur produit figurera dans le budget administratif au titre des recettes extraordinaires. C'est donc la destination de l'impôt et non sa quotité qui est prise sur ce point en considération. Il suit de là, qu'il ne peut être voté de taxes spéciales que pour subvenir à des besoins imprévus et réciproquement que si l'octroi doit être en entier destiné à faire face à des dépenses ordinaires il ne peut être établi que des taxes principales (1).

(1) Turquin, *Manuel des octrois*, p. 17. C. d'état 3 décembre 1884, octroi de Digne. Turquin, p. 143.

Antérieurement à la loi du 5 avril 1884, on divisait les taxes d'octroi en taxes principales et taxes additionnelles. Nous avons indiqué l'origine de cette classification. Elle eut une utilité pratique aussi longtemps que les droits d'octroi furent l'objet d'un prélèvement de 10 0/0 au profit du Trésor. Le prélèvement, en effet, n'était opéré que « déduction faite du montant des taxes additionnelles temporairement autorisées pour des dépenses temporaires »(1). Avec le décret du 17 mars 1852, cette distinction perdait tout intérêt. La loi du 5 avril 1884 l'a définitivement abrogée, et lui a substitué la division en taxes principales et taxes spéciales.

Celle-ci présenta quelque temps une utilité pratique. Aux termes de la loi du 16 juin 1881, le 1/5 du produit net des taxes ordinaires d'octroi était l'objet d'un prélèvement pour les dépenses de l'instruction primaire. Les taxes spéciales, au contraire, en étaient affranchies ; elles avaient, en effet, une durée limitée et une affectation précise à laquelle on ne pouvait porter atteinte. La distinction a perdu de son importance depuis la loi du 19 juillet 1889, l'État ayant pris à son compte toutes les dépenses de l'instruction primaire (2). Depuis lors, la di-

(1) Art. 16, loi du 17 août 1822. « L'état prélevait une part sur les produits ordinaires et permanents des communes, mais quand celles-ci étaient obligées d'emprunter, de s'imposer des charges extraordinaires, il ne fallait pas qu'il vînt paralyser leurs efforts. Des taxes accidentelles ne peuvent être considérées comme un revenu normal, comme le signe d'une richesse réelle, et il eût été injuste de les faire contribuer par la retenue du 1|10 au paiement des dépenses publiques. DUFOUR, *Droit adm. appliqué*, VII, p. 196.

(2) Moyennant de nouveaux centimes additionnels imposés aux communes.

vision en taxes ordinaires et en taxes extraordinaires présente surtout un intérêt de comptabilité communale.

L'article 149 de la loi de 1816 stipulait que les droits établis sur les boissons au profit des villes ne pourraient dépasser ceux qui étaient perçus par l'Etat. Il ne pouvait être fait d'exception à cette règle qu'en vertu d'ordonnances royales. La loi du 11 juin 1842 a maintenu le principe, mais en substituant à la sanction du pouvoir exécutif l'approbation législative (1). D'après les dispositions aujourd'hui en vigueur, les taxes locales sur l'alcool peuvent atteindre le taux du droit d'entrée, celles sur les vins et les cidres le double de ce droit. Au-delà de ces limites, il y a surtaxe et les décisions des assemblées municipales doivent alors être soumises aux Chambres. — Ce principe a été rappelé par l'article 137 de la loi du 5 avril 1884.

« Les surtaxes d'octroi sur les vins, cidres et alcools au-delà des proportions déterminées par les lois spéciales concernant les droits d'entrée du trésor, ne peuvent être autorisées que par une loi ».

Le motif de cette règle nous est connu. Un tarif exagéré aurait eu pour effet de restreindre la consommation et de nuire, par là même, au rendement de l'impôt perçu au profit de l'État. Aussi, les instructions recommandent-elles de ne recourir aux surtaxes qu'à défaut de toute autre ressource. L'établissement devra en être justifié par la situation financière de la commune. Dans tous les cas, leur produit ne pourra être affecté qu'à des dépenses extraordinaires nettement déterminées et dûment autorisées. En-

(1) On espérait ainsi diminuer le nombre des surtaxes, dont l'abus avait excité un vif mécontentement ; il ne semble pas que le but poursuivi ait été atteint.

fin leur durée ne pourra jamais dépasser celle des taxes principales (1).

§ III. Établissement des limites de l'octroi.

Il appartient, enfin, au conseil municipal de fixer les limites de perception de l'octroi. Le périmètre établi doit suivre des limites naturelles (routes, cours d'eau, etc.), et coïncider le plus exactement possible avec celui du droit d'entrée, si la commune y est soumise. Il est de principe que la population agglomérée des villes doit seule être imposée. Elle est seule appelée, en effet, à participer aux avantages de la cité. Elle doit donc être seule à en supporter les charges (2). Cette règle ne faisait aucun doute sous l'empire de l'ordonnance du 9 décembre 1814 ; celle-ci affranchissait formellement des taxes urbaines les dépendances rurales entièrement détachées du lieu principal (3). La loi de 1816 a eu le tort de ne pas maintenir cette immunité ; en même temps d'ailleurs, et par une anomalie singulière, elle la laissait subsister pour le droit d'entrée (4). Les motifs de décider étaient cependant les mêmes dans l'un et l'autre cas ; et l'intérêt des habitants aussi bien que l'équité nous semblent commander le retour aux dispositions de l'ordonnance de 1814.

Il serait à désirer, également, qu'on apportât quelques

(1) Circulaire du 12 août 1878. TRESCAZES, au mot octroi n° 131. TURQUIN, *Manuel des octrois*, p. 19 Cons. d'État 21 décembre 1875, octroi de Vannes ; 23 juillet 1881, octroi de Langres. TURQUIN, p. 133 et 135.

(2) Cons. d'État 24 novembre 1876, octroi de Rennes. TURQUIN, p. 66. BÉQUET n° 3131.

(3) Art. 26, ordon. du 9 décembre 1814.

(4) DUFOUR. *Droit admin. appliqué*. VII, p. 188. BATBIE. *Droit public et administratif*. VI, p. 472.

BERTRAND   8

modifications à l'article 152 de la loi de 1816. Le législateur, dans le but de restreindre la fraude, a permis aux grandes villes d'établir dans les communes qui les avoisinent des taxes spéciales, en stipulant, toutefois, que les recettes faites dans ces banlieues appartiendraient toujours aux localités dont elles seraient formées. Il ajoute que les conseils municipaux intéressés devront toujours être consultés et la jurisprudence décide que, faute de l'accomplissement de cette formalité, le décret autorisant la création de l'octroi serait entaché d'excès de pouvoir et pourrait être déféré par les habitants au Conseil d'État (1). Mais il est à remarquer que cet avis de la commune suburbaine, s'il est obligatoire, ne lie pas le gouvernement. L'octroi peut être ainsi imposé à une population contrairement à la volonté bien arrêtée de ses mandataires. Évidemment, cette disposition est excessive et, malgré les réels avantages qu'elle peut présenter pour la grande ville, il nous paraît difficile de l'approuver et d'admettre une semblable atteinte à l'indépendance des communes. Il nous semble que l'article 152 est en opposition marquée avec les principes mêmes qui ont inspiré la loi de 1816.

Il est vrai que la faculté d'établir des octrois de banlieue est réservée uniquement aux grandes villes. Mais que faut-il entendre par cette expression? Ici encore la loi donne prise à la confusion et à l'arbitraire.

Les propositions municipales relatives aux créations d'octrois seront, ainsi que nous l'indiquons plus loin, soumises à l'examen du Conseil d'État, après avis préalable du Conseil général ou de la Commission départementale. L'établissement de l'octroi une fois autorisé,

---

(1) Cons. d'État, 23 août 1836. DAL. *Jurisp. génér.*, octroi n° 336.

l'assemblée locale peut vouloir apporter des modifications aux taxes primitives. L'article 139 de la loi du 5 avril 1884 indique dans quelles hypothèses les décisions ainsi rendues seront exécutoires par elles-mêmes. Il faut 1° qu'elles stipulent prorogation ou augmentation de taxes pour une période de 5 ans au plus. 2° que les taxes maintenues ou modifiées n'excèdent pas le maximum déterminé par le tarif général et ne portent que sur des objets compris dans ce tarif. A cette double condition l'assemblée statue définitivement.

La législation en cette matière a beaucoup varié.

Jusqu'à la loi du 24 juillet 1867 toutes les délibérations relatives aux octrois devaient être approuvées par décret.

La loi de 1867 autorisa les conseils municipaux à statuer définitivement sur toute suppression ou diminution de taxes. La règle était la même en ce qui concernait les augmentations qui ne dépasseraient pas 1/10 et qui seraient contenues dans les limites du maximum de droits et de la nomenclature d'objets établies par un tarif général dressé en exécution de la loi.

Dans les limites de ce maximum toute augmentation supérieure à 1/10 était soumise à la sanction préfectorale. Pour toutes les autres hypothèses le gouvernement conservait son pouvoir d'approbation.

Cette réglementation dura peu. En 1871 les attributions confiées au préfet passèrent au conseil général (1).

Enfin, la loi du 5 avril 1884 vint modifier une dernière fois cet état de choses, en accordant aux conseils municipaux, sous les réserves que nous avons indiquées, le droit de décider souverainement.

(1) Voir les articles 9 de la loi du 24 juillet 1867, 46 et suivants de la loi du 10 août 1871.

CHAPITRE V

DE L'INTERVENTION DU CONSEIL GÉNÉRAL.

La délibération du conseil municipal portant proposition de création d'octroi doit être soumise à l'assemblée départementale qui est appelée à formuler son avis. Ceci est une innovation de la loi de 1884. Avant elle, le conseil général n'était pas consulté sur les demandes de création d'octrois. La loi de 1871 conférait, cependant, à cette assemblée des pouvoirs très étendus, et lui reconnaissait le droit de statuer définitivement dans certaines hypothèses limitativement indiquées. Ce n'était pas un simple avis que le conseil général avait à émettre, mais une décision qu'il avait à prendre.

D'après l'art. 46 de la loi du 10 Août 1871, le conseil général statuait sur les propositions des conseils municipaux relatives aux augmentations et prorogations de taxes d'octrois dans les limites du maximum de droits et de la nomenclature d'objets fixées par le tarif général.

La délibération sur ce point était exécutoire si, dans les vingt jours à dater de la clôture de la session, le préfet n'en avait pas demandé l'annulation pour excès de pouvoir, pour violation de la loi ou d'un règlement d'administration publique.

D'après l'article 48 de cette même loi, le Conseil général délibérait sur:

1° Les modifications à apporter aux règlements et aux périmètres existants.

2° L'assujettissement à la taxe d'objets non encore imposés au tarif local.

3° L'établissement ou le renouvellement d'une taxe excédant le maximum fixé par le tarif général.

Dans ces trois hypothèses, la délibération était exécutoire si, dans un délai de trois mois à compter de la clôture de la session, un décret motivé n'en avait pas suspendu l'exécution.

La loi de 1871 était allée trop loin dans la voie de la décentralisation. En conférant de tels pouvoirs aux conseils généraux, elle avait dépassé le but, car les questions dont elle leur réservait ainsi l'examen et la solution avaient, en réalité, une portée dépassant de beaucoup les limites de la commune ou du département. Il arriva que les assemblées départementales, mal préparées à la tâche qui leur était dévolue, commirent des erreurs, approuvèrent parfois des décisions contraires aux règlements et aux principes généraux en matière d'octrois. La loi de 1884 revint fort heureusement à des règles plus sages. Aujourd'hui, le Conseil général n'a plus à statuer ni à délibérer. On l'appelle seulement à formuler un avis. — Les délibérations des conseils municipaux prévues à l'article 46 de la loi du 10 août 1871 sont aujourd'hui exécutoires par elles-mêmes. — Quant aux propositions énumérées à l'article 48, le Conseil général les examine, mais le droit d'approbation a été rendu au gouvernement.

En même temps qu'on limitait ainsi les attributions du Conseil général, on lui conférait de nouveaux droits en l'appelant à étudier les demandes des municipalités relatives aux créations d'octrois. D'ailleurs, conformément aux

principes inaugurés en 1884, c'est encore un simple
avis qu'on exige ici de l'assemblée départementale. Ainsi
comprise, l'innovation est heureuse. L'influence que peuvent exercer les taxes de consommation n'est pas restreinte
à l'agglomération imposée. Elle s'étend aux localités avoisinantes, au département tout entier. Les conseillers généraux sont, par leur situation, à même d'apprécier l'utilité de la création projetée : ils peuvent en prévoir les conséquences pour la population assujettie, pour son industrie et son commerce, pour les intérêts des divers cantons
qu'ils représentent. Ils peuvent, enfin, prévenir certains
abus qu'entraînerait une répartition arbitraire des taxes,
empêcher, par exemple, que des droits mal établis, mal
combinés n'entravent les relations entre les différentes
communes du département.

Il nous reste à signaler une dernière modification apportée par la loi de 1884 aux pouvoirs de la commission
départementale. Aux termes de l'article 77 de la loi du 10
Août 1871 « la commission réglait les affaires qui lui
étaient renvoyées par le conseil dans les limites de la délégation qui lui était faite ». Cette délégation, d'après la
jurisprudence, ne pouvait être ni générale, ni permanente.
Elle devait, pour être valable, ne s'appliquer qu'à des affaires déterminées, dont le conseil avait pu par lui-même
apprécier l'importance (1). Il en résultait que la commission ne pouvait examiner que les questions d'octroi dont

(1) Cons. d'État 31 mai 1883. Annulation d'une délibération du
Conseil général du Morbihan déléguant à la commission départementale « toute attribution pour les affaires urgentes qui pourraient se
produire jusqu'à sa prochaine session, notamment pour le renouvellement des tarifs d'octroi expirant le 31 décembre 1872 ». BLOCK.
Suppl. au Dictionnaire 1878 à 1884 au mot Octroi.

elle était spécialement saisie par l'assemblée. Les inconvénients de ce système étaient réels. Le conseil général ne se
réunissant en session ordinaire que deux fois par an, les
propositions relatives aux octrois éprouvaient des retards
parfois considérables et toujours préjudiciables aux communes. La loi du 5 avril 1884 a fait cesser cet état de
choses. Aujourd'hui, la commission départementale est
appelée, pendant l'intervalle des sessions, à exprimer son
avis sur toutes les questions d'octrois de la compétence
du conseil. La solution de ces affaires se trouve par là
même facilitée et l'intérêt des villes sauvegardé (1).

(1) Art. 137 loi du 5 avril 1884, et circul. du 15 avril suivant.

CHAPITRE VI

RÔLE DU CONSEIL D'ÉTAT. DÉCRET DU PRÉSIDENT DE LA RÉPUBLIQUE

L'intervention du Conseil d'Etat n'a pas toujours été exigée en ce qui concerne la création des octrois. Le décret de 1809, l'ordonnance de 1814 stipulaient seulement l'approbation du pouvoir exécutif, mais sans prescrire aucunes règles spéciales relativement à cette approbation. C'est la loi du 11 juin 1842 qui a posé le principe actuel. « A l'avenir, dit l'article 8 de cette dernière loi, l'établissement des taxes d'octroi votées par les conseils municipaux, ainsi que les règlements relatifs à leur perception, seront autorisés par ordonnances royales rendues dans la forme des règlements d'administration publique ». Le Conseil d'Etat se trouvait, par là même, investi de l'examen des tarifs et des règlements d'octroi, et son avis préalable devenait une condition indispensable du décret d'approbation. On estimait avec raison que le contrôle de la haute assemblée pouvait seul maintenir une certaine uniformité dans la réglementation de l'impôt, et assurer aux divers intérêts en présence les garanties nécessaires.

L'examen du conseil portera, tout d'abord, sur la situation budgétaire de la commune. C'est, en effet, de l'état des ressources et des besoins de celle-ci, que doit dépendre l'adoption ou le rejet des propositions municipales. Le préfet transmet, avec son avis, au Ministre de l'Intérieur, la délibération relative à l'établissement de l'octroi ainsi que le tableau exact de l'état financier de la ville. Le dossier contiendra, en outre : le plan de la cité avec indication du périmètre proposé ; le projet de tarif ; l'indication du produit présumé de l'octroi avec la liste des dépenses auxquelles il a pour but de subvenir ; le chiffre des recettes ordinaires et extraordinaires de la commune pendant l'année courante et pendant les trois dernières années ; s'il y a lieu enfin, le chiffre des centimes extraordinaires qui ont été imposés et des emprunts qui ont été contractés.

Nous avons dit, précédemment, que la délibération devait être soumise à l'assemblée départementale. Son avis, de même que celui du directeur des Contributions indirectes, doit être joint au dossier.

Ces divers renseignements permettront à la section de l'Intérieur (1), saisie de la question par un renvoi du ministre, de statuer en connaissance de cause, et de décider si l'établissement proposé répond à une nécessité. Si l'avis est favorable à la création, le dossier est transmis à la section des Finances, qui fera porter son étude sur les tarifs proposés par les municipalités. En énumérant les

_____

(1) « C'est au Ministre de l'Intérieur qu'il appartient d'examiner si, en raison des besoins et des revenus de la commune, l'octroi doit y être autorisé. Ce point résolu, il reste à savoir si l'impôt est justement réparti, s'il n'atteint que ceux qui doivent le payer, si par sa quotité il ne porte pas préjudice aux droits du Trésor ; et ces questions sont de la compétence du Ministre des finances ». Lettre du Ministre des finances aux préfets 15 décembre 1814. A cette date, le Cons. d'État n'intervenait pas ; le rôle attribué aux Ministres de l'Intérieur et des Finances, par la circul. précitée est aujourd'hui exercé par les sections du Cons. d'État.

raisons qui justifient à cet égard l'intervention du gouvernement, nous avons indiqué, par avance, le rôle qui était
réservé au Conseil d'État : assurer l'observation des principes généraux relatifs à l'impôt, empêcher que celui-ci ne
dégénère en moyen de protection pour la ville, en instrument d'oppression pour les classes indigentes, que l'élévation des taxes ne nuise au rendement des contributions
perçues au profit du Trésor, éviter des extensions de périmètre non justifiées, dont le résultat le plus sûr serait
de nuire à l'agriculture et aux populations rurales : en un
mot, conserver à l'octroi son véritable caractère, et concilier ainsi l'intérêt particulier d'une localité avec l'intérêt
du pays tout entier, telle est la mission dévolue au Conseil.

Celui-ci ne pourrait, sans dépasser ses pouvoirs, se substituer aux municipalités : par exemple, remplacer une taxe
par une autre, établir de nouvelles impositions, augmenter
celles portées au tarif. Ce serait aller contre les dispositions de l'article 147 de la loi de 1816, et porter atteinte
au droit d'initiative de l'assemblée municipale, celle-ci
devant elle-même désigner les objets imposés, le tarif,
les limites et le mode de la perception. En réalité, les
attributions du conseil se réduisent à une seule : empêcher
des excès. Il ne peut que refuser ou approuver, c'est-à-
dire dit M. Batbie « exercer les fonctions inhérentes à la
tutelle administrative (1). » Mais, comme le droit d'empêcher comprend aussi celui de réduire, il peut restreindre
les charges proposées : diminuer les droits portés au
tarif, supprimer une taxe, une catégorie d'objets imposa-

(1) BATBIE, *Droit public et adm.*, VI, p. 474. DUFOUR, *Droit
adm. appliqué* VII, p. 185.

bles, etc., s'opposer aux extensions de périmètre non justifiées, modifier ou rejeter certaines dispositions du règlement.

Si les sections de l'Intérieur et des Finances donnent leur approbation aux propositions municipales, le projet de décret est arrêté par le Conseil d'État. Il est ensuite soumis à l'approbation du Président de la République par le ministre des Finances.

D'après les dispositions de la loi de frimaire an VIII, c'était au pouvoir législatif qu'il appartenait d'autoriser les créations d'octrois. La loi du 5 ventôse an VIII, a fait de cette approbation un attribut de l'Exécutif, et ce principe a toujours été maintenu depuis.

Les demandes d'établissement d'octrois ne sont pas les seules à être soumises à l'autorisation du gouvernement. Un décret en Conseil d'État est encore nécessaire pour : — les augmentations ou prorogations de taxes pour une période de plus de 5 ans; — les modifications aux règlements et aux périmètres existants; — l'assujettissement à la taxe d'objets non encore imposés au tarif local; — l'établissement ou le renouvellement de taxes excédant le maximum fixé par le tarif général, ou portant sur des objets non compris dans ce tarif (1).

(1) Art. 137 loi du 5 avril 1884.

CHAPITRE VII

DES RÉCLAMATIONS QUI PEUVENT S'ÉLEVER CONTRE L'ÉTABLISSEMENT DES TAXES D'OCTROI.

Le décret rendu par l'exécutif peut-il faire l'objet d'un recours pour excès de pouvoir? La question s'est posée à différentes reprises. D'après la théorie du conseil d'État, il faudrait distinguer suivant que le pourvoi est introduit par une commune ou par des particuliers.

Par une commune, et si le gouvernement n'a point excédé ses attributions, aucun recours n'est possible. C'est ainsi que des arrêts du conseil du 18 juillet 1838 et du 25 avril 1845 rejettent le pourvoi formé par les villes de Commercy et d'Amboise contre deux ordonnances royales qui avaient refusé d'approuver certaines taxes demandées par la ville et en avaient réduit d'autres. Le Conseil d'État admettait, en effet, qu'en annulant les votes de ces deux conseils municipaux, votes qui n'avaient de valeur réelle que par la sanction qu'il leur donnait, le pouvoir central exerçait une attribution qui n'appartenait qu'à lui et agissait au mieux des intérêts de la localité et des intérêts généraux du pays dont il était le meilleur juge.

Mais, si le gouvernement outrepasse ses pouvoirs, la commune victime de la décision rendue obtiendra gain de cause devant le conseil d'État. Par exemple, si au lieu de réduire ou d'annuler, comme dans l'hypothèse précédente, les impositions votées par l'assemblée municipale, le gouvernement les aggravait, car « toute aggravation serait dépourvue du consentement préalable du conseil » et l'art. 147 de la loi de 1816 exige formellement que « la désignation des objets imposés, le tarif, les limites et le mode de la perception soient délibérés par l'assemblée municipale (1). »

Le conseil municipal de Troyes ayant voté certaines taxes additionnelles d'octroi, l'ordonnance royale les approuva, mais en les considérant comme principales. C'était en changer le caractère, c'était aggraver les charges pesant sur les habitants, car ces taxes, si elles étaient principales, étaient l'objet du prélèvement du 1/10 au profit du Trésor. La ville de Troyes se pourvût devant le Conseil d'Etat et fit réformer l'ordonnance royale (2). Il a été jugé également que le gouvernement excédait ses pouvoirs en considérant comme grande ville une localité renfermant moins de 4000 habitants. L'art. 152 de la loi de 1816 réserve aux grandes villes la faculté d'établir des octrois de banlieue; une ordonnance du 19 décembre 1832, appliquant cette qualification à Mont-de-Marsan (3.774 habitants), engloba dans le rayon d'octroi les communes de Saint-

____

(1) « La demande et la délibération du conseil municipal sont les conditions nécessaires des mesures relatives à des établissements d'octrois. Aucun établissement de ce genre ne peut être formé, aucune taxe d'octroi levée, aucune aggravation de taxes introduite, sans le consentement des représentants de la commune. » — DALLOZ, Jurisprudence générale, au mot octroi nos 39-40 et la note. Cons. d'Etat 18 juillet 1838. (Commercy) — 25 avril 1815 (Amboise).

(2) Cons. d'Etat, 16 décembre 1842, DALLOZ, Jur. génér. au mot octroi, no 336 et la note.

Pierre, de Saint-Jean et de Saint-Médard. Celles-ci se pourvurent devant le Conseil d'Etat pour violation de l'art. 152. L'ordonnance fut rapportée (1).

Par des particuliers. — En principe, les particuliers n'ont pas le droit de recours : « Ils ne peuvent attaquer au contentieux des ordonnances statuant par voie réglementaire et dans un but d'intérêt général (2) ». Cependant, le Conseil d'Etat a admis le recours ainsi formé, lorsqu'il y avait eu omission des formalités prescrites. Il a, par exemple, décidé, sur la plainte des intéressés que le règlement d'octroi d'une grande ville ne pouvait être étendu à tout ou partie du territoire d'une commune de sa banlieue qu'autant que le conseil municipal de celle-ci avait été appelé à en délibérer (3).

Mais si les particuliers qui se prétendent lésés ne peuvent s'adresser au Conseil d'Etat pour faire valoir leurs griefs, ils peuvent porter leur différend devant l'autorité judiciaire. L'article premier de la loi du 2 vendémiaire an VIII, décide, à ce sujet, que « les contestations civiles qui pourront s'élever sur l'application du tarif ou sur la quotité des droits exigés par les receveurs des octrois seront portées devant le juge de paix de l'arrondissement, à quelque somme que le droit contesté puisse s'élever, pour être par lui jugées sommairement et sans frais, soit en dernier ressort, soit à la charge de l'appel ». La loi de vendémiaire ne faisait ainsi que préciser le principe posé par

(1) Cons. d'Etat, 23 août 1836, D. *Jur. gén.* au mot octroi, n° 184.
(2) Cons. d'Etat, 28 août 1837, 15 juillet 1842 — DUFOUR, *Droit adm. appliqué*, VII, p. 191, BLOCK, *Dictionnaire de l'Administration française* au mot octroi.
(3) Cons. d'Etat, DALLOZ, 1855, 3. p. 74, BATBIE, *Droit public et adm.*, VI, p. 472.

la loi des 7, 11 septembre 1790 (art. 2). « Les actions civiles relatives à la perception des impôts indirects seront
jugées en premier et dernier ressort et sur simples mé-
moires par les juges du district ».

Ainsi, tandis qu'il appartient aux tribunaux administratifs de connaître des difficultés que soulève l'assiette et la
perception des contributions directes, au contraire, le contentieux des impôts indirects et des octrois en particulier
appartient à l'autorité judiciaire.

Le motif (1), c'est que les modes de recouvrement applicables à ces deux catégories d'impôts diffèrent sensiblement. Pour l'impôt direct, c'est l'agent du Trésor qui est
chargé d'évaluer la matière imposable, qui est appelé à
confectionner lui-même le rôle qui servira de titre à la
perception. Si donc, le contribuable se prétend lésé, s'il
croit à une erreur dans la fixation de la quote-part qui lui
est assignée, il pourra porter plainte devant l'autorité administrative, parce qu'il y aura un acte administratif qui
servira de fondement à sa réclamation. Et c'est pourquoi
le conseil de préfecture, tribunal administratif, est appelé
à se prononcer sur les réclamations des particuliers tendant à obtenir la décharge ou la réduction de leurs cotes.

Au contraire, les impositions indirectes ne nécessitent
pas la création de rôles nominatifs. Comme elles portent
sur des faits de consommation, de fabrication ou de transport, elles sont perçues conformément à des taxes approuvées par la loi ou par des règlements d'administration publique. Ici, le représentant du fisc n'a plus, comme dans

---

(1) DALLOZ, *Jurisprudence générale*, V. octroi n° 345 et suiv.—
LAFERRIÈRE, *Traité de la juridiction administrative*. I, chap. X.
— SERRIGNY, *Organisation de la compétence* n° 660 et suiv.

l'hypothèse précédente, à établir lui-même l'impôt. Son rôle se borne à faire à chacun l'application du tarif en vigueur. Rien ne s'oppose donc à ce que les contestations qui viendront à se produire soient déférées aux tribunaux ordinaires. Ceux-ci n'auront pas à apprécier l'intervention d'un agent administratif dans l'assiette de l'impôt; le législateur ayant pris soin d'en fixer lui-même la quotité. Seuls le tarif et les règlements promulgués seront mis en cause, et les magistrats trouveront dans le texte même du tarif et des règlements attaqués, la base qui leur sera nécessaire pour asseoir leur jugement.

C'est donc à l'autorité judiciaire qu'il convient de déférer les litiges qui peuvent s'élever sur l'interprétation des tarifs et des règlements d'octroi. L'art. 81 de l'ordonnance du 9 décembre 1814 nous indique à quelles conditions la juridiction civile en sera saisie. « S'il s'élève une contestation sur l'application du tarif ou la quotité des droits réclamés, le redevable sera tenu, avant tout, de consigner le droit exigé entre les mains du receveur, sauf à lui à se pourvoir devant le juge de paix du canton. Il ne pourra être entendu qu'en représentant la quittance de la consignation au dit juge qui prononcera soit en dernier ressort soit à charge d'appel. »

Pour que les tribunaux civils soient saisis, il est nécessaire, en effet, que la contestation soulevée n'ait, en aucune façon, le caractère délictueux, il faut, aux termes de la loi du 5 ventôse an XII, que le « fond du droit » se trouve seul mis en cause. Si un procès verbal avait été rapporté pour infraction au règlement l'affaire relèverait du tribunal correctionnel.

Il a été décidé à ce sujet que le conducteur qui refuse de payer ou de consigner la somme exigée est justiciable de la juridiction correctionnelle même pour le fond du droit (1).

Si les contestations élevées sur le fond du droit se rapportent à la fois à l'octroi et aux contributions indirectes, le différend est porté devant les tribunaux de première instance (art. 88, loi du 5 ventôse an XII, art. 164 décret du 17 mai 1809.)

Lorsque les magistrats de l'ordre judiciaire sont ainsi appelés à prononcer sur des contestations en matière d'octrois ou de contributions indirectes, ils sont investis de pouvoirs très étendus. Ils ne peuvent, il est vrai, statuer par voie de dispositions générales et réglementaires, leur décision, dans tous les cas, doit être limitée au litige particulier qui leur est soumis. Ils ne peuvent non plus modifier les tarifs ou les règlements mis en cause : par exemple, sous prétexte d'usages locaux, substituer une taxe à une autre (2). Mais il rentre dans leurs attributions d'examiner les actes administratifs à l'occasion desquels s'élèvent les protestations des redevables, d'interpréter ces actes et d'apprécier leur légalité. Ce point a été contesté. On a prétendu que les débats de ce genre devaient être soustraits à la juridiction des tribunaux ordinaires, qu'ils soulevaient une question préjudicielle, que l'autorité administrative devait seule être appelée à trancher. C'est elle qui a approuvé les règlements et les tarifs, c'est elle qui en a prescrit l'exécution ; si un doute s'élève sur la légalité de ses actes, elle seule doit être appelée à en connaître. Décider le contraire, ajoute-t-on, ce serait violer le principe de la séparation des pouvoirs, ce serait permettre aux

_____

(1) Cas. 7 mars 1818. D. *Jur. gén.*, V. octroi n° 349.
(2) Cas. 11 mai 1841. D. *Jur. gén.*, V. octroi n° 352.

tribunaux de se substituer au législateur et les autoriser implicitement, à modifier ou à réviser des actes émanés de la puissance publique.

Cette opinion ne pouvait prévaloir en présence des termes absolus de la législation, (loi des 7-11 septembre 1790, — du 2 vendémiaire an VIII), — « Les tribunaux, dit un arrêt de la Cour d'Aix, ont le droit et le devoir d'examiner si l'acte attaqué est dans le cercle des attributions de l'autorité dont il émane, s'il est régulier, conforme à la loi. S'ils ne le jugent pas tel, ils doivent en repousser l'application. Établis pour juger spécialement l'action résultant des procès-verbaux en matière d'octroi et toutes les questions qui naissent de la défense des prévenus, ils violeraient leur mandat, s'ils refusaient de les juger, ou si les jugeant, ils appliquaient le titre sans examiner s'il est ou non conforme à la loi ».

Sans doute, il y a, dans cette attribution exceptionnelle accordée aux tribunaux judiciaires, une dérogation apparente au principe de la séparation des pouvoirs, mais cette dérogation s'imposait, elle a été voulue par le législateur. Le droit attribué à l'autorité judiciaire de prononcer sur les contestations relatives à l'application des tarifs et à la quotité des taxes eût été illusoire, s'il n'eut pas entraîné comme conséquence celui d'interpréter les actes qui les ont établis et de juger de leur validité. « Les tribunaux, dit M. Laferrière, juges de l'obligation des redevables, devaient être les juges du titre d'où elle dérive, de son interprétation, s'il est ambigu, de sa légalité, si l'on conteste son caractère obligatoire ». (1)

(1) LAFERRIÈRE. *Traité de la juridiction administrative.* I. Ch. X, p. 696.

Dans l'espèce jugée par la Cour d'Aix, le demandeur contestait à la ville de Marseille le droit d'imposer les farines au tarif de son octroi. Le préfet des Bouches-du-Rhône prit un arrêté de conflit, la décision de la Cour d'Aix mettant en cause l'ordonnance royale qui avait approuvé le tarif proposé par la municipalité. L'arrêté de conflit fut annulé pour ce motif que « la réclamation du demandeur étant du ressort des tribunaux, l'application de la loi et de l'ordonnance royale en cette matière était également de leur compétence (1) ».

La jurisprudence nous fournit plusieurs exemples de décisions de ce genre. Un industriel de Douai cite le maire de cette ville devant le tribunal de première instance, pour voir décider qu'il sera admis à jouir en franchise des quantités de charbon introduites dans ses usines. La juridiction civile saisie de l'affaire devait, en réalité, apprécier la légalité de l'ordonnance royale qui avait approuvé le tarif d'octroi de la commune de Douai. Le préfet crut devoir élever le conflit ; comme dans l'hypothèse précédente son arrêté fut cassé. Considérant, disait l'ordonnance, « qu'aux termes des lois des 2 vendémiaire et 27 frimaire an VIII, toute contestation civile sur l'application d'un tarif d'octroi est de la compétence du juge de paix, l'arrêté de conflit pris par le préfet du Nord, dans l'affaire pendante en appel devant le tribunal de première instance de Douai, est annulé (2) ».

Ce principe que le contentieux des contributions indirectes et des octrois en particulier appartient tout entier à l'autorité judiciaire a été sanctionné à diverses reprises

(1) DALLOZ. Jur. génér. V. octroi, n. 355, notes 1 et 2.
(2) DALLOZ. Jur. génér. n. 355. note 3.

par la juridiction administrative elle-même. On peut citer,
à ce propos, un arrêt du Conseil d'Etat du 24 mars 1876.
Il y. est dit que « les délibérations prises par les conseils
généraux dans l'exercice des pouvoirs qui leur sont con-
férés pour l'établissement des taxes d'octroi sont des actes
qui, par leur nature même, ne sont pas susceptibles d'être
déférés au Conseil d'Etat par les particuliers. Mais ceux-ci
peuvent s'adresser à l'autorité judiciaire, soutenir devant
elle que les décisions entreprises sont entachées d'illégalité et lui demander qu'il n'en soit pas fait application. » (1).

Indépendamment de l'action de droit commun que les lois
des 7, 11 sept. 1790 et du 2 vendemaire an VIII accordent
aux particuliers qui se prétendent lésés par l'établissement
des taxes d'octroi, il est une seconde voie de recours, autrement rigoureuse celle-là, et que la législation met
exceptionnellement à la disposition du contribuable victime de perceptions illégales et arbitraires. L'article final
de la loi de budget annuellement votée par les Chambres
porte. « Toutes les contributions autres que celles autorisées par la loi, à quelque titre et sous quelque dénomina-
tion qu'elles se perçoivent, sont formellement interdites,
à peine contre les autorités qui les ordonneraient, contre
les employés qui confectionneraient les rôles et tarifs et
ceux qui en feraient le recouvrement d'être poursuivis
comme concussionnaires, sans préjudice de l'action en
répétition pendant trois ans, contre tous percepteurs ou
receveurs qui auraient fait la perception. »

---

(1) D. 1876. 3. 78. — La commission départementale du Nord statuant par délégation du conseil général avait approuvé l'art. 51 du règlement d'octroi de Valenciennes qui, au dire des demandeurs, sou-

Ainsi donc, le comptable qui a mis en recouvrement une taxe illégale se trouve exposé non seulement à des poursuites criminelles pour concussion, mais encore à une action personnelle en restitution de sommes dont il n'a pas profité. En édictant des mesures aussi rigoureuses contre ses propres agents, le gouvernement, selon l'expression de M. le Procureur général Manau (1), a voulu donner aux contribuables l'assurance que des taxes non autorisées par les lois ne seraient jamais mises en recouvrement, ou que, du moins, si pareil fait venait à se produire, toutes les voies de recours seraient ouvertes au particulier lésé. Cette garantie nous paraît suffisante. Peut-être même est-il excessif de qualifier de concussionnaire et de poursuivre des mêmes peines le receveur qui, excédant ses pouvoirs, perçoit pour l'État ou pour la commune une somme supérieure à celle qui est légitimement due et celui qui s'efforce par une malversation de réaliser un bénéfice personnel. Quoi qu'il en soit, la disposition exceptionnelle qui nous occupe doit être soigneusement limitée au cas prévu par la loi. Aux termes du Code pénal, trois conditions sont nécessaires pour qu'il y ait crime de concussion. Il faut *que la perception ait été opérée par un fonctionnaire, qu'elle ait été illégitime, faite de mauvaise foi.* Nous exigerons ici la réunion de ces trois conditions. Suivant la doctrine admise par les cours de Paris et de Rouen (2) et finalement adoptée par

mettait le transport des bières à des formalités que la législation n'autorise que pour les boissons imposées au droit de circulation au profit du Trésor. Plaintes des intéressés au Cons. d'Etat qui refuse de statuer.

(1) DALLOZ. 1896. I. 315.
(2) DALLOZ. 1886. 2. 273. — 1892. 2. 236.

la Cour de Cassation (1), *la perception sera réputée illégitime et faite de mauvaise foi, s'il y a eu faute de l'agent.* Et pour que cette faute existe, il faudra qu'il ait mis en recouvrement « une taxe non autorisée par la loi ou dont les rôles et tarifs n'auraient pas été approuvés par l'autorité compétente. » Là se bornent ses obligations. « Le principe et la légitimité de l'impôt une fois admis, dit la Cour de Rouen, si une erreur ou une inexactitude est commise dans l'application de la taxe, la responsabilité de l'agent ne saurait se trouver engagée. »

(1) DALLOZ. 1895, 1.315. Le comptable doit donc s'assurer uniquement que la perception dont il opère le recouvrement a été régulièrement autorisée. Son rôle n'est pas de commenter d'interpréter les règlements ; (l'art. 247 de la loi du 28 avril 1816 le lui interd formellement) — il doit se borner à en faire l'application.

QUATRIEME PARTIE

DE LA SUPPRESSION DES TAXES D'OCTROI.

§ I. — Pouvoirs des conseils municipaux en ce qui concerne la suppression de leurs octrois.

L'octroi, nous l'avons dit précédemment, n'est jamais imposé aux communes. C'est une faculté qui leur est laissée de recourir à cette taxe indirecte, de la maintenir, de la diminuer ou de la supprimer, si elles le jugent convenable. Mais l'État qui entoure de garanties sérieuses l'établissement de l'octroi, qui, dans l'intérêt des villes et des contribuables, soumet à l'approbation préalable du Conseil d'État les projets de création émanés des assemblées municipales, devait également intervenir quand se pose la question de suppression. On comprend toutefois que son contrôle soit ici moins sévère : l'abolition de l'octroi est, avant tout, une affaire d'ordre communal, elle n'intéresse pas au même degré que sa création la richesse générale du pays.

La législation en cette matière a d'ailleurs varié.

D'après les dispositions de l'ordonnance de 1814, la suppression ou la diminution des taxes d'octroi était soumise à l'approbation du pouvoir exécutif. De même qu'il fallait un décret pour autoriser l'octroi, il en fallait un pour le supprimer.

Le préfet transmettait au Ministre de l'Intérieur la délibération de l'assemblée municipale accompagnée de l'avis du maire et du sous-préfet. Il exposait au Ministre la situation de la commune et donnait son avis sur la mesure proposée par la municipalité.

Le Ministre de l'Intérieur, après entente avec son collègue des Finances, soumettait au chef de l'Etat le projet de décret portant suppression de l'octroi (1).

On sait que la loi du 11 juin 1842 (2) exigea pour les décrets de création l'avis préalable du Conseil d'Etat. Cette formalité fut également requise pour les décrets de suppression.

Les demandes d'abolition présentées par les assemblées locales étaient, d'ailleurs, peu nombreuses, et le pouvoir central s'y opposait rarement. Aussi, le législateur de 1867, s'inspirant des idées de décentralisation alors en faveur, crût-il préférable de s'en remettre à la décision des municipalités. La nécessité du décret disparût et les assemblées communales restèrent libres de supprimer leurs octrois (3). Toutefois, pour que la mesure reçut son application, il fallait l'accord du conseil municipal et du maire alors à la nomination du pouvoir exécutif. Si le maire croyait devoir s'opposer à la décision prise, celle-ci ne devenait exécutoire que sur l'approbation du préfet. Dans un cas comme dans l'autre, il y avait toujours intervention d'un représentant du gouvernement.

(1) Art. 85 et suivants de l'ordonnance du 9 décembre 1814.
(2) Art. 8, loi du 11 juin 1842.
(3) Art. 9, loi du 24 juillet 1867.

Ces dispositions ont été modifiées en 1884. — Aux termes de la loi du 5 avril, les délibérations des conseils municipaux portant suppression ou diminution de taxes d'octroi doivent être soumises au Conseil général ou à la commission départementale dans l'intervalle des sessions. Elles deviennent ensuite exécutoires sur l'approbation donnée par le Préfet (1). Si le préfet refuse sa sanction aux propositions du conseil municipal, celui-ci peut se pourvoir devant le ministre de l'Intérieur.

Ces dispositions de la loi de 1884 sont l'œuvre du sénat. Le projet voté par la Chambre des Députés supprimait l'intervention de l'assemblée départementale. L'approbation du préfet n'était pas non plus exigée. La délibération du conseil municipal était exécutoire par elle-même.

La modification due au sénat est heureuse. Le double contrôle de l'assemblée départementale et du représentant du gouvernement est une garantie pour l'équilibre des budgets communaux. Il préservera les pouvoirs locaux d'entraînements irréfléchis pour des réformes conçues à la légère et dont l'application jetterait le trouble dans les finances municipales. Il n'eût pas été sans danger, à une époque surtout où la situation financière des villes est en général très obérée, où dans presque toutes les communes, d'énormes travaux ont été entrepris, des emprunts contractés, il n'eût pas été sans danger de laisser à la merci du vote peut être inconsidéré d'un conseil par trop réformateur la disparition ou le maintien de la principale ressource du budget communal (2).

_____

(1) Art. 138, loi du 5 avril 1884.
(2) Les taxes d'octroi n'étant établies que pour une durée limitée, les conseils municipaux, en ne votant pas le renouvellement des taxes,

Il se peut que la délibération du conseil municipal comporte, à la fois, des diminutions ou suppressions de taxes, et des augmentations ou additions de droits ou d'objets imposables, ces dernières étant réservées par l'art. 137 de la loi de 1884, à l'approbation du Conseil d'Etat. Dans ce cas, il a été jugé que la haute assemblée aurait à connaître, par raison de connexité, de l'ensemble des décisions municipales (1).

Les conseils municipaux ne profitent qu'avec une extrême réserve du pouvoir qui leur est reconnu de supprimer leurs taxes de consommation (2). Le nombre des communes à octroi était de 1434 en 1823 ; il était de 1536 en 1880, il est de 1515 en 1894. Les suppressions concernent, d'ailleurs, des villes d'importance secondaire, suffisamment riches pour se priver, grâce à quelques centimes additionnels, des ressources que leur procurait un octroi établi à grands frais et d'un rendement assez faible. C'est ainsi qu'en 1881, la ville de Montereau a aboli son octroi. L'impôt supprimé a été remplacé par 70 centimes additionnels au principal des quatre contributions directes. M. le docteur Delbet, député de l'arrondissement constate, d'ailleurs, que l'influence de la réforme a été nulle

supriment, par là même, leurs octrois sans intervention du préfet. Les dispositions de la loi de 1884 ne s'appliquent donc que lorsque les assemblées locales veulent supprimer leurs octrois au cours de la période pour laquelle ils ont été régulièrement autorisés.

(1) Cons. d'Etat 25 juin 1884. TURQUIN, p. 120.

(2) « Si, malgré cette faculté de suppression, les octrois n'ont cessé de se multiplier sur la demande de conseils municipaux d'origines très diverses, c'est donc que les études faites pour remplacer ces taxes par des perceptions plus justes sont restées stériles ». Rapport Bardoux. Déposition du maire de Bordeaux, p. 746.

sur le prix des denrées. La ville d'Agde a demandé, elle aussi, à des centimes additionnels la compensation de ses taxes d'octroi (1). Il est intéressant également de rappeler l'expérience réalisée par la commune de Saint-Julien (Haute-Savoie). Sur les conseils de M. César Duval, maire et député de la localité, les bouchers, les restaurateurs, débitants de boissons se réunirent, et constituèrent des syndicats professionnels qui prirent l'engagement de verser les sommes nécessaires aux besoins municipaux. L'abolition de l'octroi se trouva ainsi réalisée.

§ II. Motifs du maintien des taxes d'octroi par les assemblées locales.

Mais il est douteux que ces tentatives se généralisent. Trop de causes militent en faveur du maintien des octrois et les municipalités laissées à elle-mêmes conserveront vraisemblablement les taxes actuelles. Les assemblées locales hésiteront toujours à entreprendre une réforme aussi grosse de conséquences pour elles et pour les communes qu'elles administrent, à remplacer par une imposition nouvelle, d'un recouvrement peut-être difficile, d'un rendement toujours incertain, une contribution depuis longtemps existante, se percevant sans inconvénients réels, d'un produit assuré. L'abolition de l'octroi, c'est l'inconnu, ce sont les finances communales peut-être compromises,

---

(1) L'octroi affermé en 1890 pour 67.000 francs avait rapporté 115.000 francs, soit un bénéfice de 48.000 francs pour le fermier. C'est un argument contre le régime de la ferme et non contre le principe même de l'octroi.

les travaux en cours peut-être inachevés, le gage le plus
sûr des emprunts contractés mis en péril. Est-il étrange
que les pouvoirs locaux restent sur la réserve et qu'ils
se refusent à tenter l'aventure?

En Belgique, on avait tout d'abord songé à abandonner
aux communes intéressées la solution du problème (1).
Celles-ci se gardèrent bien d'user de la faculté qu'on leur
concédait et le gouvernement dut intervenir. Dans l'exposé
des motifs de sa proposition de loi, M. Frère-Orban a
très bien indiqué les causes de cette attitude prudente des
assemblées locales. « Pour elles, dit-il, l'expérience serait
des plus chanceuses, elle devrait être préparée de longue
main et introduite lentement de manière à familiariser
l'esprit public avec le changement de système. Et pour
procéder ainsi, les communes devraient pouvoir disposer
momentanément de ressources considérables, leur per-
mettant de risquer l'essai sans mettre en péril l'équilibre
de leurs finances » (2).

Des raisons analogues expliquent les réponses de nos
conseils municipaux. Consultés en 1867, ils se sont prononcés en très grande majorité en faveur de l'octroi. Le
rapport déposé par M. le conseiller d'État Migneret, concluait seulement à quelques atténuations dans les tarifs (3).

---

(1) On estimait alors que la réforme des octrois ne pouvait et ne
devait se faire que par le soin des communes; que leur imposer par la
loi tout un système nouveau de contributions serait attenter à leur
liberté la plus précieuse. *Rapport de la section centrale*, 22 janvier
1856. *Documents et discussions parlementaires*, p. 71.

(2) FRÈRE ORBAN. *Exposé des motifs de sa proposition de loi.—
Abolition des octrois communaux en Belgique. Documents et
discussions parlementaires*. I, p. 16.

(3) « La très grande majorité de la commission d'enquête s'est pro-

Il demandait aussi qu'on limitât le nombre des surtaxes
et qu'on renonçât aux extensions de périmètres non justifiées. Il ne semble pas que les attaques qui se sont renou-
velées depuis lors, aient sensiblement modifié les opinions
des assemblées locales. Comme M. Migneret, en 1869,
M. Bardoux, en 1893, constate que la majorité des maires
est défavorable à la suppression des octrois (1).

Cette attitude prudente n'est pas pour plaire aux réformateurs. Mais ceux-ci, d'accord pour condamner ce
qui existe, cessent de s'entendre dès qu'il s'agit de conclure et de substituer aux taxes existantes des impositions nouvelles qui n'aggravent pas les maux qu'ils
prétendent guérir.

« L'impôt indirect, dit M. Berthélemy, l'impôt qui se
demande aux faits non aux personnes, qui se perçoit par
des milliers de versements impalpables, qui est le meilleur,
et le plus élastique de tous, qui seul réalise l'idéal des
taxes fécondes : produire gros sans faire crier ; l'impôt
indirect peut seul nous rendre sous une forme différente
ce que nous lui demandons aujourd'hui par le moyen de
l'octroi (2) ». D'après M. Berthélemy, la réforme qu'il s'agit
d'entreprendre est d'ordre public, elle intéresse les habitants des campagnes au même titre que ceux des villes.
C'est une mesure qui doit profiter à la généralité du pays :

noncée pour le maintien de l'octroi. Elle a vu dans l'institution de
ces droits destinés à des dépenses locales une application très ration-
nelle de notre système d'impôts qui pourvoit aux dépenses de l'État
en partie à l'aide de taxes directes, en partie à l'aide de taxes indirectes. » Enquête de 1869.

(1) Rapport Bardoux, p. 717.

(2) La suppression des octrois et l'expérience de Lyon. *Revue politique et parlementaire*, mai 1895.

l'Etat doit donc en faire les frais. Qu'il supprime les octrois. Qu'il abandonne aux communes tous les impôts directs qu'il perçoit actuellement, et qu'en échange il établisse à son profit de nouvelles taxes indirectes, celles-ci pesant sur l'ensemble de la nation.

D'autres, au contraire, ne veulent à aucun prix des contributions indirectes estimant, avec M. Edouard Cohen, qu'elles présentent toutes les mêmes défauts que l'octroi. « légères pour *les* classes aisées, lourdes pour les classes laborieuses ». (1)

Certes, nous sommes aussi convaincu que M. Berthélémy de l'excellence et de l'utilité des taxes indirectes. La raison et l'expérience du passé démontrent qu'on ne saurait impunément les sacrifier aux rancunes de leurs adversaires, mais nous croyons aussi qu'il serait contraire à la justice d'abandonner aux communes une partie des impôts généraux perçus au profit du pays, nous estimons que cette solution serait fatale aux intérêts des villes elles-mêmes, que son résultat le plus sûr serait de compromettre leur indépendance en les plaçant sous l'entière domination de l'État. Et c'est pour ce motif que nous demandons le maintien de l'octroi.

§ III. Les pays étrangers. L'octroi n'existe pas en Angleterre.

Pour condamner ce mode d'impôt, on n'invoque pas seulement les inconvénients inséparables de son existence. L'exemple des peuples étrangers est un argument tou-

(1) E. COHEN, *Réforme sociale*, livraison du 16 décembre 1893.

jours mis en avant. On rappelle que l'Angleterre a constamment ignoré les taxes indirectes et locales sur les consommations, que la Belgique en 1860, la Hollande en 1865 les ont supprimées, que l'Espagne a suivi leur exemple. On se garde très souvent d'ajouter que ce dernier pays a dû rétablir, après une expérience qui dura deux années, les impositions qu'il avait déclaré à tout jamais abolies (1) (2).

L'Angleterre pratique un système fiscal tout différent du nôtre. Au lieu que chez nous l'État et la commune demandent à la fois aux taxes directes et indirectes les ressources dont ils ont besoin ; chez nos voisins, l'impôt indirect est perçu par le gouvernement, l'impôt direct est attribué aux communes. Un autre trait caractéristique du budget local anglais, c'est la spécialité des taxes. Chaque contribution versée par l'habitant du bourg a son affectation propre (police, éclairage, entretien de la voie publique, etc.) à laquelle il est interdit de porter atteinte. En France, au contraire, nos municipalités votent les impôts qu'elles jugent nécessaires et en déterminent assez librement l'emploi. Cette opposition entre les régimes financiers des deux pays trouve sa raison d'être dans des habitudes et des traditions différentes. Dans une conférence faite, il y a quelques années, à la *Société d'économie so-*

(1) Rapport Yves Guyot. — Rapport Guillemet.

(2) « Les enseignements à tirer de l'exemple des pays étrangers, dit très justement M. Bardoux, n'auraient qu'une valeur relative étant données les différences considérables qui existent entre le système général des impôts français et les systèmes étrangers. »

Consulter également à ce sujet un article de M. Stourm. *Programmes radicaux de réformes d'impôts. Réforme sociale* du 16 octobre 1893.

ciale (1), M. des Cilleuls signalait dans le caractère des deux peuples un contraste frappant. A l'amour de l'indépendance, au respect de l'initiative privée qui constituaient, selon lui, les traits distinctifs de la race anglaise et la portaient à restreindre le plus possible l'action du pouvoir, il opposait « la tendance des peuples latins à se reposer sur la puissance publique du soin de créer, d'étendre, d'améliorer les institutions utiles à la collectivité ». Il en concluait que les charges imposées aux communes françaises étaient autrement onéreuses que celles qui pesaient sur les municipalités anglaises et il trouvait, dans la constatation de ce fait, la justification des usages financiers en vigueur dans les deux pays. Sans doute, l'octroi est inconnu en Angleterre, mais il ne faut pas oublier que le système fiscal anglais est l'opposé du nôtre, qu'il se rattache à des mœurs, à des coutumes différentes, qu'il répond aussi à des besoins différents. Ce système est-il préférable ? Renferme-t-il la condamnation de notre mécanisme financier ? Peut-être. Mais alors l'octroi n'est plus seul en cause ; il ne s'agit plus seulement du maintien ou de l'abolition d'une de nos taxes indirectes, mais bien d'un bouleversement général de tous nos impôts.

§ IV. Suppression des octrois en Belgique. La loi du 18 juillet 1860.

En Belgique, où les libertés communales étaient vers 1860 bien plus développées qu'en France, chaque localité cherchait dans les tarifs d'octroi un moyen de protéger son commerce et son industrie contre la concurrence des

(1) *Société d'Économie sociale*. 12 février 1891.

localités voisines, et, grâce aux barrières dont elle s'entourait, réussissait à former une sorte de petit État dans l'État, au grand détriment de la richesse générale du pays (1). Quoi qu'on en ait dit, cet inconvénient n'est pas à redouter en France. Chez nous, la législation et la jurisprudence exigent impérieusement que l'impôt soit le même sur les marchandises importées dans la commune que sur celles récoltées ou fabriquées dans le rayon d'octroi. Il ne faut, d'ailleurs, pas oublier que chez nos voisins les droits de consommation atteignaient des objets de première nécessité (2) tels que les grains et les farines qui, dans notre pays, sont soustraits à la taxe. Les droits sur ces produits étaient quelquefois même très élevés. A Gand et à Anvers, ils atteignaient à eux seuls le 1/6 du produit de l'octroi (3). Ils figuraient pour un million dans le rendement total de l'impôt qui s'élevait à un peu plus de onze millions (4).

Cet état de choses explique l'hostilité que rencontrèrent en Belgique les taxes indirectes et locales, les attaques dont elles furent l'objet, attaques autrement violentes et passionnées que celles qu'elles ont soulevées chez nous et qui aboutirent à la réforme du 18 juillet 1860.

D'après la loi du 18 juillet 1860, les impositions indirectes connues sous le nom d'octrois sont abolies (5); in-

---

(1) « Le projet de loi, dit M. Frère Orban, met fin aux luttes intestines que l'octroi entretient de commune à commune. » RICHALD, *Les finances publiques de la Belgique depuis 1830*, op. cit. p. 412.

(2) « Les bases de perception autorisées par la loi de 1809 étaient poussées jusqu'à la dernière limite de la fiscalité. » RICHALD, p. 407.

(3) D'AVENEL, *Les octrois en France et à l'étranger*, p. 45.

(4) Rapport Bardoux, p. 720.

(5) En 1858, les octrois avaient produit 12.376.000 fr. et 10.876.000 défalcation faite des frais de perception.

terdiction est faite de les rétablir. Pour les remplacer, un fonds commun est créé, prélevé sur le budget général de l'État, et composé ainsi qu'il suit :

40 0/0 du produit net des postes.

75 0/0 du droit d'entrée sur le café.

34 0/0 du droit de douane sur les vins et eaux-de-vie étrangers.

34 0/0 du droit de consommation ou de fabrication sur les eaux-de-vie indigènes, les bières, les vinaigres et les sucres.

Les droits de douane sur les vins et eaux-de-vie étrangers étaient augmentés d'une somme égale au droit d'octroi qui frappait antérieurement ces produits. On adoptait une solution identique en ce qui concerne le droit de consommation ou de fabrication sur les eaux-de-vie indigènes, les bières et les vinaigres. Le droit d'entrée sur les sucres était légèrement augmenté (1).

On estimait que le fonds commun ainsi constitué produirait au début 15 millions. Cette somme était divisée en deux parts : la plus forte onze millions et demi représentant le produit total des taxes abolies était destinée à compenser pour les villes la perte que leur occasionnait la disparition de l'octroi. On leur garantissait un revenu au moins égal au rendement de cette contribution pour l'exercice 1859. Les trois millions et demi restant disponibles étaient réservés aux campagnes qu'on prétendait indemniser ainsi de leur participation dans le paiement des nouveaux impôts établis.

_____

(1) Au sujet de la réforme de 1860, consulter DE PARIEU, *Traité des impôts.* IV, p. 386 et suiv.

Le fonds commun devait être réparti chaque année entre toutes les communes du royaume au prorata du principal de la contribution personnelle, de la contribution foncière et des patentes (1), sous la réserve indiquée précédemment que les anciennes villes à octroi recevraient toujours un minimum égal au rendement que leur avaient procuré en 1859 les impositions supprimées.

Ainsi donc 78 localités se suffisent grâce à leurs octrois. La loi prononce suppression de ces taxes indirectes, elle institue en échange des impôts généraux qui pèseront sur toutes les communes du pays, qui seront répartis entre elles annuellement. Le motif d'une pareille mesure ? C'est que la réforme était d'ordre général. Elle intéressait au même degré les villes et les campagnes. « *L'abolition des octrois, avait dit M. Frère Orban, est poursuivie pour cause d'utilité publique* » (2).

La loi du 18 juillet 1860 a été très justement critiquée.

Et d'abord, a-t-on dit, pour une partie au moins des produits qu'atteignait l'octroi, l'impôt n'est pas supprimé,

---

(1) L'exposé des motifs nous apprend pourquoi cette base a été choisie. « La consommation des objets sur lesquels pèsent les impôts qui fournissent un revenu aux communes est en proportion du degré d'aisance de celles-ci. Or, en général, le signe le plus apparent, le plus stable, le moins trompeur de l'aisance d'une localité, c'est incontestablement le montant du principal des trois contributions indiquées. » *Doc. et débats parlem.* I, p. 50.

(2) Il ajoutait : « Et nous obtiendrons ce but tout en sauvegardant la situation financière des communes à octroi, en améliorant de beaucoup celle des autres communes, et en diminuant de près de 2 millions les impôts généraux et locaux qui pèsent aujourd'hui sur la généralité des habitants du royaume. » Ce triple résultat était bien difficile à atteindre. — Exposé des motifs. — *Doc. et débats parlem.* I, p. 38.

il est transformé. Les droits sur le sucre, le café, les vins,
les eaux-de-vie, la bière qui est la boisson habituelle du
peuple belge, et que l'on n'acquitte plus aux barrières des
villes sont perçus aux frontières du royaume (1). Les
entraves apportées à la circulation intérieure ont, il est
vrai, disparu, mais les obstacles à l'entrée du territoire se
sont accrus en proportion. Et la plupart des inconvénients
de l'impôt indirect subsistent, aggravés plutôt qu'atténués
par la réforme. — L'octroi, disait-on, provoquait la fraude ;
mais est-ce que la loi de 1860, en augmentant considérablement d'anciennes taxes indirectes n'a pas donné, par là
même, une prime nouvelle à l'esprit de contrebande? L'octroi était injuste, car il faisait contribuer l'habitant des
campagnes au luxe des villes ; le système actuel qui impose la généralité du pays pour satisfaire à des dépenses
d'utilité locale, qui confond le budget de l'Etat et le budget
de la commune est-il beaucoup plus équitable que l'ancien ? (2) On reprochait à l'octroi d'être une contribution
égalitaire, on prétendait qu'il prélevait la même somme
sur le budget du riche et sur le budget du pauvre, or que
fait-on? On demande à des droits de consommation qui
soulèvent des critiques analogues la compensation des

(1) « Vous substituez la douane à l'octroi, vous déplacez le mal au
lieu d'y porter remède ; en le déplaçant vous trouvez moyen de l'aggraver. » Discours de M. Snoy. Doc. parlem. II, p. 67. — « La loi due
à M. Frère Orban n'a pas réalisé la suppression des octrois. Elle n'a
fait que modifier le mode de perception et déplacer l'assiette des
taxes ». Rapport Bardoux. Déposition du maire de Calais. « C'est un
allègement pour les communes à octroi, ce n'en est pas un pour les
objets de consommation auxquels on demande là compensation de
l'octroi aboli. » (COHEN, Le Budget, p. 265).
(2) Doc. et débats parlem. Discours de M. Vermeire, II, p. 45.

taxes supprimées (1). Même il nous semble que, par certains côtés, le nouveau régime fiscal est plus lourd et plus onéreux que l'ancien pour la classe indigente. Les impositions disparues n'atteignaient pas seulement des denrées de première nécessité. Elles portaient aussi sur des objets de luxe, sur des produits consommés à peu près exclusivement par la partie aisée de la population. Ces droits sur les articles de luxe, ces droits sur les fourrages, sur les matériaux de constructions, vous les déclarez abolis et par une inconséquence étrange vous les reportez s·· le vin, sur la bière, sur des consommations usuelles !

A des taxes locales destinées à la satisfaction de besoins purement locaux et que payaient ceux-là seuls qui en retiraient quelque avantage, la loi de 1860 a substitué des impôts qui pèsent sur toutes les villes du royaume. Elle n'a pas supprimé l'octroi, elle l'a généralisé, étendu à l'ensemble du pays. Or, cette prétendue réforme consacre, en réalité, une illégalité et une injustice : une illégalité, car la constitution reconnaît aux communes le droit de voter librement les contributions nécessaires à leurs dépenses, et les communes se trouvent imposées sans leur consentement (2). Une injustice, car l'équité exige que chaque

(1) *Doc. et débats parlem.* Discours de MM. Royer de Behr et Vermeire. II, p. 37 et 41.

(2) Art. 110 de la constitution. « Aucune charge, aucune imposition communale ne peut être établie que du consentement communal. » — On a passé outre aux objections fondées sur la violation de cet article en invoquant l'intérêt général qui expliquait et justifiait, parait-il, cette atteinte à la constitution.

« Ou les nouveaux impôts que vous établissez, disait M. Thibaut, seront soustraits au vote annuel des Chambres, ce qui est contraire à l'essence du gouvernement représentatif; ou s'ils lui sont soumis,

localité se suffise avec ses propres ressources, que les
taxes qui lui sont nécessaires soient discutées par ses représentants, qu'elles soient proportionnées à ses charges,
employées dans son intérêt exclusif. Il n'en est plus ainsi
avec l'organisation nouvelle où les communes paient les
unes pour les autres. On a longuement discuté et diverse-
ment apprécié, à ce point de vue, les conséquences de la
réforme. Les uns ont dit que les populations rurales en
faisaient les frais(1), qu'elles n'obtenaient pas dans la répartition des nouveaux impôts une somme en rapport avec
le montant des contributions payées par elles. Et l'on
opposait aux 11 millions 1/2 attribués aux villes, les
3 millions 1/2 qui représentaient la part des campagnes.
Peut-être celles-ci ont-elles été lésées à l'origine ? Peut-
être la somme qu'elles étaient appelées à se partager était-
elle une compensation insuffisante des sacrifices qu'on
leur demandait ? Mais cette situation ne devait être que
momentanée. La part des campagnes, restreinte au début,
s'est largement accrue, grâce à l'augmentation des nouveaux impôts indirects établis. En 1869, elles touchaient
près de 7 millions. En 1886 elles obtenaient dans le fonds
communal 13,150,000 francs ; les anciennes communes à
octroi 14,783,000 (2). C'était au tour des villes de faire

les Chambres n'auront aucune liberté pour les rejeter ou les diminuer. *Doc. parlem.* II, p. 70.

(1) Voir GUIGNARD. *De la suppression des octrois* page 151.
COURCELLE. *L'abolition des octrois en France*. Rouen 1867. —
Abolition des octrois en Belgique. *Doc. et débats parlem.* II p. 54
et 64. DELOYNES, p. 90 et suivantes.

(2) 25 ans après la réforme, le fonds commun atteignait 26 millions
Il était prévu au budget de 1893 pour 32 millions et demi. Dans ce
chiffre les anciennes communes à octrois figuraient pour 16 millions

entendre des protestations. Celles-ci ont vu, d'année en
année, leur population augmenter, leurs besoins s'accroître et bientôt la subvention qu'elles recevaient de
l'État s'est trouvée insuffisante (1). L'octroi constituait
pour elles une ressource précieuse, dont le rendement
continu et progressif maintenait un équilibre à peu près
constant entre les recettes et les dépenses. Cette contribution disparue, la situation pour beaucoup est devenue critique. Le fonds communal s'accroît, il est vrai, constamment, mais la quotité revenant aux villes dans cet accroissement est loin de correspondre à l'augmentation des
charges. Il y a des communes qui, comme Bruges, ne touchaient en 1893 que le minimum alloué en 1860. Aussi,
doivent-elles recourir à des impositions nouvelles. Dès
1865, Bruxelles établissait des taxes sur les successions,
sur les constructions et reconstructions, sur les voitures,
augmentait ses centimes additionnels : (les centimes sur
la contribution personnelle mobilière étaient portés de 15
à 37.) (2) Verviers suivait l'exemple de Bruxelles. Liège

et demi. Le surplus était réservé aux communes rurales. Rapport
Bardoux, p. 720.

(1) « Pour la plupart des communes où l'octroi n'était pas établi, la
création du fonds commun a été un véritable bienfait. » Richald. *Les
finances de la Belgique*, p. 422. M. Leemans constate également que
la situation financière des communes rurales a acquis un degré de
prospérité inconnue avant la création du fonds communal. (Guignard,
p. 157). — M. Rogier disait lui-même lors de la discussion. « Le projet
de loi, loin de sacrifier les intérêts des campagnes aux intérêts des villes,
compromet les intérêts des villes pour ceux des campagnes. Richald, p.
417. Consulter à ce propos la lettre de M. Buls, bourgmestre de Bruxelles
au maire de Calais, 10 novembre 1893. — Rapport Bardoux p. 757.

(2) Rapport Bardoux, p. 720. FLOURENS. *Organisation jud. et
adm. de la France et de la Belgique*, p. 229.

imposait les avocats, les sociétés anonymes, les chevaux vapeur, etc.

M. Frère Orban avait parfaitement prévu ce résultat. « Je crois, disait-il, que la part des campagnes augmentant d'année en année atteindra inévitablement un chiffre tel qu'il excèdera les besoins d'un très grand nombre d'entr'elles (1) ». Cette prédiction s'est aujourd'hui réalisée. Et pendant que certaines communes ont ainsi un excédent de recettes dont elles ne savent que faire, des villes de première importance : Bruxelles, Namur, Liège, etc., qui trouvaient jadis dans leurs octrois un élément de richesse et de prospérité voient leur situation financière menacée et compromise (2).

Il en sera inévitablement ainsi aussi longtemps que les villes seront appelées à contribuer les unes pour les autres, aussi longtemps que des impôts acquittés par la généralité du pays seront détournés de leur véritable but et affectés au paiement de dépenses d'utilité locale (3).

(1) *Doc. et discusssions parlem.* II p. 17.

(2) « Si l'abolition de l'octroi a constitué un progrès réel pour le développement des transactions, il n'en est pas moins vrai qu'elle a porté un coup fatal aux finances des communes. » Lettre de M. Anspach, bourgmestre de Bruxelles, à M. le Conseiller d'État Migneret. FLOURENS, p. 231. BUROT. *Les octrois*, p. 323.

(3) « On aurait dû s'abstenir de faire intervenir la généralité pour couvrir des dettes spéciales, on aurait dû respecter l'individualité provinciale et communale en laissant à chacune d'elles le soin de pourvoir par ses ressources à ses propres besoins. Les impôts provinciaux et communaux ne peuvent être assimilés à des impôts généraux qui concernent l'État uniquement. Affectés à des services spéciaux et provenant d'autres sources, ils doivent suivre leur destinée propre et ne point être confondus avec les impôts d'État, avec lesquels ils n'ont aucun point de contact ou de connexité. » *Doc. et déb. parlem.*

Mais le système belge ne conduit pas seulement à une véritable injustice, il aboutit fatalement à la perte pour la commune d'une partie de ses libertés confisquées au profit de l'État. Il enlève aux assemblées locales un droit qu'elles possédaient depuis des siècles, celui de voter les impositions [qui leur paraissaient les plus justes, les plus conformes aux besoins et aux intérêts de leurs mandataires. Les taxes d'octroi étaient librement consenties, elles étaient librement augmentées, diminuées, abolies par les conseils locaux. Perçues par les soins de la commune, elles étaient employées sur place selon les nécessités du moment. Les contributions nouvelles, votées par le pouvoir législatif, recouvrées par les agents du gouvernement, sont réparties chaque année par les Chambres. Ainsi, le budget général et le budget local se trouvent confondus, l'État se substitue à la commune, et l'indépendance de celle-ci n'est plus, ne peut plus être ce qu'elle était avant la réforme.

En vain, objecterait-on, comme le fait M. Frère Orban, que le droit de voter l'impôt n'est pas une prérogative mais bien une charge de la liberté municipale (1) et qu'exonérer de cette obligation les élus de la cité, ce n'est pas porter atteinte à l'autonomie de la commune. Un pareil système conduirait à refuser aux villes le droit de se créer les ressources qu'elles jugent indispensables. Elles n'auraient plus qu'une faculté : celle d'engager les dépenses en les proportionnant exactement à la somme qui leur serait allouée par la munificence de l'État. Que resterait-il

II, p. 43. Discours de M. Vermeire. — Consulter les observations de M. de Parieu. *Traité des impôts.* IV, p. 430.

(1) F. ORBAN. — GUIGNARD, opinion citée p. 160.

alors des libertés communales ? Une législation semblable ce serait, comme on l'a fort bien dit dans la discussion belge, la mise en pension, la mise en tutelle de toutes les municipalités du royaume. Il est vrai que la théorie n'a pas été poussée à ses dernières conséquences. Si la commune ne délibère plus elle-même sur la totalité de ses impôts, si elle ne les perçoit plus elle-même en totalité, elle a conservé le droit et le pouvoir d'en voter et d'en percevoir une partie. Elle peut, si la subvention qui lui est allouée par l'Etat, est reconnue insuffisante, demander aux taxes directes le complément de recettes qui lui est nécessaire. Il est juste aussi de faire observer que la répartition du fonds commun est soustraite à l'arbitraire et aux caprices du gouvernement, puisqu'elle a une base fixe, connue à l'avance, établie par la loi. Mais l'indépendance de la commune n'en est pas moins atteinte, car enfin, elle se trouve avoir à sa disposition des ressources qu'elle n'a pas consenties, qu'elle eut peut-être remplacées par d'autres si elle en avait été laissée libre, qu'elle eut peut-être supprimées comme inutiles si elle avait conservé le pouvoir de choisir elle-même les taxes qui lui conviennent le mieux et de les proportionner exactement à ses besoins (1).

Avec le système belge, la part des communes se trouve fixée annuellement sans qu'il soit tenu compte des charges qui leur incombent. Si les sommes mises à leur disposi-

(1) « Si une commune belge voulait supprimer chez elle les droits sur le café, le sucre, la bière, le vin, parce qu'elle aurait lu dans les brochures des économistes que l'octroi est injuste, égalitaire, elle ne le pourrait pas, elle serait obligée de faire comme les autres, ce qui est un sérieux manque d'indépendance ». BLOCK. L'octroi. Rev. gén. d'adm. 1878, 3, p. 485.

tion sont insuffisantes, nous savons qu'elles pourront s'a-
dresser à l'impôt direct, et les admirateurs de la loi de 1860
estiment qu'ainsi leur indépendance est suffisamment res-
pectée (1). Mais si le revenu qui leur est attribué, et le
fait n'est pas rare dans les campagnes, excède leurs véritables besoins ; si ces communes sont suffisamment riches
pour se priver de la subvention de l'Etat ; pourquoi donc
les forcer à contribuer à l'organisation d'un fonds commun
qui leur est inutile, pourquoi les obliger à en prendre leur
part, les pousser, par là même, à des prodigalités coûteuses
et les engager à dépenser sans compter ?

Les adversaires de l'octroi célèbrent à l'envi les mérites
de l'impôt direct. A les en croire, lui seul permettrait à
l'électeur de se faire une opinion, de se rendre un compte
exact des charges qui lui sont imposées, et d'examiner,
comme il convient, la gestion de ses élus. — « Lorsque le
citoyen, disait M. Charles Rogier, aura à payer directement, il y regardera de plus près et surveillera ses magistrats » (2). « Le mandataire, dit encore M. Deloynes, sait
qu'il agit sous le contrôle incessant du mandant, et celui-
ci comprend que si les intérêts de la commune sont mal
administrés, il doit se reprocher le choix qu'il a fait d'un
mandataire incapable ou infidèle ». (3) — Avec l'octroi au

(1) M. Guignard estime que l'autonomie des communes belges n'a
jamais été plus complète p. 161.
(2) et (3) GUIGNARD. De la suppression des octrois p. 167, opinion citée. M. Reybaud dit également : « L'impôt direct, s'il est brutal,
a, du moins, le mérite de la franchise ; il réclame une somme, il éveille
dans l'esprit de celui qui le paye le désir de savoir ce que cette somme
représente. L'impôt direct est ainsi un mode d'opinion. Chacun sait
ou cherche à savoir à quel prix il est citoyen d'un état ou d'une commune. » Revue des deux mondes 15 mai 1861. — En sens contraire

contraire, avec cette contribution qui se dissimule, le citoyen ne peut exercer aucune surveillance, parcequ'il ignore toujours ce qu'il paie. Il y aurait bien des réserves à faire sur cette théorie, mais en la tenant pour démontrée, ce ne serait certes pas le système belge qui remplace un impôt indirect par un autre, qui soustrait une partie des taxes communales aux délibérations des élus de la cité, ce ne serait pas ce système qui remédierait au mal. Que devient cette responsabilité du mandataire dont parle M. Rogier, lorsque la majeure partie des finances communales dépend du budget de l'Etat, lorsque celui-ci impose aux pouvoirs locaux tout un ensemble de contributions qu'ils ne peuvent ni discuter ni consentir? Les anciennes taxes d'octroi étaient votées par les représentants de la commune, et l'électeur avait toujours le droit, s'il condamnait ce mode d'imposition, s'il le considérait comme injuste et dangereux, il avait le droit de manifester par son bulletin de vote son sentiment à cet égard. Que devient cette faculté avec le régime inauguré en 1860 ? (1).

La confusion qu'on établit entre le budget général et le

BLOCK. *Rev. générale d'administration*, 1878, III, p. 478. « Que peut apprendre l'avertissement du receveur au contribuable communal ? En dehors du montant de son imposition, absolument rien. Tout ce que l'on dit de l'utilité de savoir est ici de la pure déclamation ».

(1) Malgré ce contrôle que l'impôt direct seul permet au contribuable d'exercer, il ne semble pas que les finances des villes anglaises ou belges soient beaucoup mieux administrées que celles des communes françaises. L'exagération des dépenses y est tout au moins aussi considérable que chez nous. Voir à ce propos LEROY-BEAULIEU, *Science des finances*, I, p. 747. Consulter également *L'état moderne et ses fonctions* du même auteur, p. 20.

budget particulier n'est d'ailleurs pas sans danger pour
les communes. Une crise politique peut survenir qui compromette la rentrée des impôts, et oblige le gouvernement
à suspendre ses paiements. Quelle serait alors la situation
des villes si leurs recettes dépendaient des recettes de
l'État ? Dans le rapport déposé à la suite de l'Enquête de
1867, M. le Conseiller d'État Migneret rappelait, à ce propos, le souvenir de 1848, et le trouble qui s'était manifesté
alors dans les finances publiques. Il se demandait ce qu'il
serait advenu des communes, si celles-ci n'avaient pas eu
leurs ressources spéciales, si elles n'avaient eu ni octrois
ni biens communaux, si elles en avaient été réduites à
compter sur la subvention du pouvoir (1).

L'État et la commune doivent donc avoir leurs revenus
distincts ; ils doivent pouvoir en disposer à leur gré : l'un
pour satisfaire aux besoins généraux du pays, l'autre pour
rétribuer les services publics qui profitent à ses habitants.
On ne peut méconnaître ce principe sans porter atteinte
aux libertés municipales. Ainsi que le dit Proudhon, « l'indépendance de la cité ne saurait être ce qu'elle était autrefois, quand le pays tout entier est appelé à lui fournir
son budget (2). » Cette indépendance communale, tous
les régimes qui se sont succédé en France, depuis près d'un
siècle, ont contribué à l'étendre et à la fortifier. Tous se
sont inspirés des mêmes pensées, ont poursuivi le même
but. Successivement, les lois de 1837, de 1867, de 1884,
ont élargi la sphère d'action des autorités locales. La
commune, aujourd'hui, s'administre elle-même, elle constitue une personne morale ayant son individualité distincte,

(1) Enquête agricole de 1867, BUROT, *Les octrois*, p. 324.
(2) PROUDHON, *Théorie de l'impôt*. Appendice, p. 319.

et, à la condition de se conformer à certaines prescriptions considérées comme étant d'ordre public, vote elle-même ses recettes, règle elle-même ses dépenses. Cette liberté lentement acquise, tous la trouvent légitime, beaucoup l'estiment insuffisante et voudraient la développer davantage. L'heure est-elle bien choisie pour renforcer la tutelle administrative, restreindre la part d'influence des pouvoirs locaux et augmenter les attributions de l'État ?

C'est là, précisément, l'œuvre de la loi de 1860, de cette loi qui, selon M. Flourens, « méconnaît ouvertement le principe constitutionnel qui veut que les recettes générales soient dépensées dans l'intérêt du pays tout entier et viole la règle de justice qui défend de prendre l'argent de tous pour payer les dettes de quelques-uns (1). »

Du moins, cette réforme a-t-elle eu les heureux résultats qu'en attendaient ses défenseurs ; a-t-elle eu sur le développement de la richesse intérieure du pays, sur les conditions générales d'existence de la classe ouvrière l'influence bienfaisante qu'on avait espéré

Grâce à la suppression des barrières intérieures, les transactions sont devenues plus faciles. Aux portes des villes les entraves apportées à la circulation ont disparu ; à ce titre, l'abolition de l'octroi a constitué pour le pays un réel

(1) FLOURENS, *Organisation judiciaire et administrative de la France et de la Belgique*, p. 220. Garnier éditeur.

« Le législateur belge, dit également M. Deloynes, ne s'est pas assez préoccupé de cette idée de justice qui veut que ceux-là seuls participent aux dépenses qui en retirent un avantage ». DELOYNES, *Les octrois et les budgets municipaux*, p. 105 et suivantes.

Réforme sociale, 1894, VII, p. 636.— Voir également DE PARIEU, *Traité des impôts*, IV, p. 429 et suiv.

progrès. Mais ce résultat nous paraît chèrement acheté par le trouble apporté dans les finances municipales et par la perte pour les communes d'une partie de leur autonomie. C'est, d'ailleurs, un fait digne de remarque que le prix des objets de consommation a peu varié, et que la vie matérielle est tout aussi chère aujourd'hui qu'autrefois. M. Frère Orban le reconnaissait lui-même. « Rien ne prouve, disait-il, que les taxes supprimées l'aient été au bénéfice exclusif et immédiat du consommateur, mais rien ne prouve le contraire non plus (1) ». Il ajoutait que si la disparition de l'octroi n'avait pas eu pour effet d'abaisser le prix des denrées, elle avait peut être empêché qu'il ne s'élevât, elle avait peut être occasionné une amélioration dans la qualité des marchandises consommées. Ce demi-aveu du promoteur de la réforme de 1860 est à retenir. D'autres moins directement intéressés dans le débat se montrent beaucoup plus affirmatifs. Les bourgmestres de Bruxelles, de Namur, d'Ostende, de Malines reconnaissent que si une diminution s'est produite dans le coût des objets antérieurement soumis à l'octroi, elle n'a profité qu'au commerce, qu'aux intermédiaires, qu'aux classes riches ou aisées qui peuvent s'approvisionner par quantités considérables. La population ouvrière qui achète presque toujours au détail n'en a pas bénéficié. M. Anspach, bourgmestre de Bruxelles, nous en donne la raison. « Si, dans la plupart des cas, dit-il, les impôts indirects se paient sans qu'on s'en aperçoive, de même lorsqu'ils viennent à disparaître, la différence ne s'en fait guère sentir (2) ». Le

(1) Guignard, *De la suppression des octrois*, opinion citée, p. 92.
(2) « Il s'est manifesté au moment de la disparition des barrières intérieures une vive déception dans la population qui s'était imagi-

droit d'octroi, parce qu'il grevait un nombre considérable
d'articles, pouvait être très peu considérable sur chaque
objet taxé, la disparition d'une imposition aussi faible est
très peu sensible et le prix de la marchandise reste sensiblement le même après qu'avant la réforme. Ceci n'a rien
qui doive nous surprendre. Il en a été ainsi en Espagne
durant les deux années où l'octroi y fut aboli, et les tentatives de suppression faites en France n'ont pas donné
meilleur résultat. Nous ne parlerons pas de l'expérience de
1791, les évènements qui suivirent ne permettent pas d'apprécier comme il conviendrait les conséquences de la mesure prise par l'Assemblée Constituante. Mais l'essai de 1848
mérite d'être signalé. A cette date, le gouvernement provisoire, désireux de témoigner sa sollicitude pour la classe
ouvrière, ordonna la suppression des droits perçus à Paris
sur les viandes de boucherie et de charcuterie (1). Quelques

---

née que toutes les choses nécessaires à la vie allaient être fortement
dégrevées.... Le prix de la viande, de la bière, des volailles est plus
élevé en 1869 qu'il ne l'était en 1859 sous le régime de l'octroi ».
Lettre de M. Anspach, bourgmestre de Bruxelles, 28 avril 1869.

M. Buls bourgm. en 1893 écrit également « La diminution très
réelle pour la vente en gros a été presque nulle pour la vente en
détail. Ce sont donc les marchands qui ont le plus directement profité de la mesure ». Rapport Bardoux, p. 720. Ces renseignements
identiques donnés à 24 ans de distance sont intéressants à signaler.
Les adversaires de l'octroi prétendent, en effet, que la diminution
dans le prix des denrées ne peut être immédiate, qu'il faut un certain
temps pour qu'elle se réalise.

(1) Le ministre ayant proposé aux villes des départements de suivre l'exemple de la capitale, les conseils municipaux des 1213 communes où les comestibles étaient imposés refusèrent formellement.
*Réforme sociale. Compte rendu de la séance de la société d'éco-
nomie sociale du 12 mars 1891. Discours du Comte de Luçay.*

mois plus tard ils étaient rétablis. « L'abolition des taxes, disait l'exposé des motifs de la loi du 30 août 1848, n'a profité qu'au commerce. Loin d'être favorable aux intérêts de la population ouvrière, elle a eu pour effet de faire ajourner à son préjudice l'exécution de nombreux travaux prévus au budget de 1848 et de priver la ville, sans compensation aucune, d'une ressource annuelle de plus de 6 millions. La ville demande et à cet égard le vote de la commission municipale a été unanime que les droits d'octroi sur les viandes de boucherie et de charcuterie soient rétablis. » En 1871, l'octroi de Lyon était supprimé, le nouvel état de choses dura dix mois : il n'amena aucune diminution dans le prix des denrées, et aboutit encore au rétablissement des anciennes taxes. En 1880, des tentatives analogues donnent un résultat identique. A cette date, le droit de détail fut réduit de 18 fr. 75 à 12 fr. 50 0/0 et la taxe de remplacement sur les vins qui était à Paris de 11 fr. 87 fut fixée à 8 fr. 25. Peu de temps après, un arrêté du préfet de la Seine abaissait le droit d'octroi de 1 fr. 38 : ce qui représentait une réduction d'ensemble de 5 fr. par hectolitre (1). M. Bardoux constate dans son rapport que les prix de vente ne subirent aucun changement et que le commerçant seul bénéficia du dégrèvement. (2)

Faut-il rappeler d'autres expériences ? M. le docteur Delbet citait récemment à la société d'Economie sociale, l'exemple de la ville de Montereau. En 1881, l'octroi y fut supprimé et la compensation demandée aux centimes ad-

____

(1) La réduction avait donc été combinée de manière à atteindre 0.05 par litre, on espérait ainsi que l'acheteur au détail pourrait en bénéficier.

(2) Rapport Bardoux, p. 731.

ditionnels : ceux-ci s'élevèrent successivement de 9 à 45, puis à 59, ils atteignirent 80 en 1893. Là encore, la disparition des taxes n'a pas eu sur la valeur des denrées l'influence qu'attendaient les réformateurs. L'opinion publique s'émut, on parla, dit M. Delbet, d'imposer des maximums, ce fut en vain (1). — Les farines furent longtemps imposées à l'octroi de Marseille, la taxe, en dernier lieu, y rapportait 900.000 francs. Le gouvernement en ayant ordonné la suppression graduelle (elle devait être répartie sur une période de trois années successives), on constate, là encore, qu'aucune diminution ne se produisit dans le prix du pain (2).

Les adversaires de l'octroi sont d'avis que cette contribution une fois disparue, la concurrence qui ne manquera pas de s'établir entre les marchands amènera inévitablement une diminution dans les prix (3), un accroissement dans la consommation, une amélioration dans le sort de l'ouvrier. Les faits qui précèdent démontrent avec quelle réserve il convient d'accueillir leurs affirmations.

En 1865, la Hollande, imitant l'exemple de la Belgique, décrétait l'abolition de ses octrois (4). La réforme conçue

(1) *Réforme sociale, C. rendu de la séance de la Société d'économie sociale*, 12 mars 1894.

(2) Déposition de M. le Préfet de la Seine. Rapport Bardoux, p. 731.

(3) « Est-ce que tout commerçant ne cherche pas à détourner la clientèle à son profit en établissant des prix plus bas que ceux du voisin ? » GUILLEMET, *Rapport*, p. 821.

(4) Le projet de suppression qui fut voté par 20 voix contre 13 augmente les droits généraux sur le vin, le thé, le sucre, abandonne aux communes les 4/5 de la contribution personnelle et 2 1/2 0/0 de l'impôt foncier sur les propriétés bâties. BUROT, p. 327.

et appliquée dans le même esprit que chez nos voisins
soulève des objections à peu près identiques. Nous en di-
rons autant de tout système qui, comme celui de M. Berthélemy, exagérant à dessein la solidarité des villes et des
campagnes, considère la suppression des octrois comme
étant d'ordre national et fait appel au concours de l'État.
Celui-ci intervenant, abandonnerait-il une partie des impôts qu'il perçoit actuellement pour satisfaire aux seules
dépenses des communes à octroi ? La proposition ne souffre pas l'examen. Ce serait faire aux populations des villes
une libéralité au détriment des populations des campagnes.
Déjà, lors de l'enquête de 1867, Wolowski protestait contre
tout allègement des charges locales au moyen d'un report
au budget général, « Que la ville de Paris, disait-il, s'em-
bellisse, qu'elle continue à percevoir l'octroi pour pourvoir à ses embellissements. Mais il serait monstrueux
qu'on vint dégrever l'octroi de Paris pour reporter au
budget général les charges au moyen desquelles la ville
fait ses embellissements (1) ». — « Voit-on, dit également
M. E. Brelay, les Bas Bretons et les habitants des pays
alpestres qui vivent de privations, appelés à payer leur
part des débauches de démolitions de la Ville-Lumière (2) ».
Procéderait-on autrement ? L'État appellerait-il les villes
et les campagnes à se partager un fonds commun spécialement créé pour la circonstance ? L'inconvénient subsis-
terait, atténué tout au plus. Les communes paieraient les
unes pour les autres, on aboutirait, comme en Belgique, à
l'inégalité et à l'arbitraire dans la répartition, étant donnée

(1) DELOYNES, Les octrois et les budgets municipaux, op. citée.
(2) E. BRELAY, Monde économique, du 10 novembre 1891, 25
mai 95.

l'impossibilité où l'on serait de proportionner exactement la somme revenant aux localités, à leurs charges d'abord, à leur participation dans le paiement des impôts généraux, ensuite.

Disons, enfin, que cette intervention de l'Etat, à la supposer juste et légitime, n'est possible que pour des puissances de second ordre, des pays neutres comme la Belgique, qui ignorent nos lourdes charges militaires, pour ne citer que celles-là. Les finances publiques peuvent alors permettre un sacrifice que vient compenser, en partie, le léger développement qui se produit dans la consommation, à la suite de la disparition de l'octroi. En Belgique, 78 communes trouvaient dans leurs taxes indirectes une ressource d'environ 11 millions 1/2. En France, 1515 communes demandent à l'octroi 312 millions de recettes. La population belge est cependant le 1/7 environ de la population française, or, son octroi représentait à peine le 1/20 du nôtre. Les circonstances ne sont donc pas les mêmes, et il est déraisonnable d'invoquer sans cesse un exemple que la situation financière de notre pays nous interdit d'imiter.

En Belgique même, le principe du concours de l'Etat rencontra une vive opposition (1). Une minorité imposante repoussa le projet de M. Frère Orban, estimant avec MM. Snoy, Vermeire, Notalteirs qu'il fallait laisser aux communes le soin de proposer les voies et moyens pour remplacer leurs octrois, que chaque localité devait trouver en elle-même les ressources nécessaires pour opérer la réforme.

(1) Le projet de loi présenté par M. Frère Orban, fut adopté à la Chambre par 66 voix contre 41 et 3 abstentions.

§ V. La suppression des octrois en France. La proposition Guillaumou et Guillemet est votée par la Chambre le 4 mai 1893.

On semble l'avoir compris en France. MM. Ménier, Yves Guyot, Guillemet, Bardoux (1) reconnaissent tour à tour que l'intervention de l'État est une atteinte grave à l'indépendance des communes et que le système pratiqué chez nos voisins a le tort de créer une véritable confusion entre les finances générales et les finances locales. Aussi, les propositions de lois soumises aux Chambres, n'ont-elles pas pour objet la suppression radicale des octrois. On respectera la liberté des villes : on ne leur imposera pas l'abolition de leurs taxes de consommation ; on se bornera à en autoriser le remplacement par des impositions directes.

Le 22 juin 1886, une proposition de loi présentée à la Chambre des Députés par M. Yves Guyot autorisait les conseils municipaux à remplacer leurs droits d'octroi par des taxes directes dont ils détermineraient eux-mêmes l'assiette. Si les taxes étaient proportionnelles, la délibération était exécutoire de plein droit un mois après le dépôt qui en était fait à la Préfecture ou à la sous-Préfecture. Si elles étaient progressives, une loi devait statuer sur le taux de la progression (2).

(1) Rapport Guillemet, p. 822. Rapport Bardoux, p. 720.
(2) M. Guyot reprenait, à peu de chose près, la proposition déposée en 1880 par M. Ménier. Celui-ci demandait que les communes fussent laissées libres de supprimer leurs octrois et de les remplacer par des taxes directes dont elles auraient déterminé elles-mêmes l'assiette et la quotité. La commission de la Chambre conclut à la prise en

Ainsi donc, à la seule condition de se conformer aux règles de proportionnalité qui servent de fondement à tous nos impôts, les assemblées locales décidaient souverainement. Abandonnaient-elles ce système pour adopter une progressivité constamment repoussée par le législateur, le principe même de la progression ne pouvait être mis en cause, son chiffre seul était abandonné à la critique des Chambres.

La proposition de M. Yves Guyot ne vint pas en discussion.

Elle fut reprise, deux ans plus tard, par son auteur, mais sensiblement modifiée et le 11 mars 1889 elle était adoptée par la Chambre. La suppression n'était pas obligatoire. Les communes restaient libres de conserver leurs octrois ou de s'adresser à des taxes directes. Les nouvelles impositions devaient être proportionnelles ; ne s'appliquer qu'à des propriétés ou objets situés dans la commune ou à des revenus en provenant. Dans tous les cas, elles devaient être soumises à l'approbation du pouvoir législatif.

La Chambre avait repoussé l'article 3 du projet portant qu'à l'avenir il ne pourrait être établi d'octroi dans aucune commune.

Cette proposition ne fût pas discutée au Sénat et la fin de la législature la rendit caduque.

considération de la proposition Ménier, mais en faisant observer que « la latitude absolue laissée aux conseils municipaux pourrait conduire à la confusion et au désordre » Elle admettait, d'ailleurs, qu'il fallait écarter toute ingérence de l'État et provoquer l'initiative des assemblées locales en leur ouvrant la voie par une autorisation spéciale et permanente ». Rapport de M. Duprat, *Journal Officiel*, 22 avril 1880, p. 4352.

Reprise à la session de 1893 par MM. Guillaumou et Guillemet, elle fut de nouveau votée par la Chambre. La disposition additionnelle repoussée par l'assemblée précédente et portant interdiction à l'avenir de toute création d'octroi fut elle-même adoptée. Il était stipulé, en outre, qu'en aucun cas les taxes actuellement existantes ne pourraient subir d'augmentation.

Ces propositions ne soulevèrent au Palais Bourbon ni longues controverses ni débats passionnés. Elles étaient, en réalité, trop modestes. Seul, le dernier article du projet apporte une restriction assez importante aux pouvoirs des assemblées locales. Or, cette restriction est sans grande portée pratique, car les créations d'octrois sont aujourd'hui très rares. Les villes qui, jusqu'ici, ont réussi à équilibrer leur budget sans faire appel aux impositions indirectes ne connaîtront vraisemblablement jamais la nécessité d'y recourir. Tout au plus, pourrait-on observer qu'il y a dans cette disposition un encouragement pour les municipalités à ne pas tenter l'expérience, puisqu'en supprimant leurs octrois, elles s'interdiraient la possibilité de les rétablir, dans l'hypothèse où les taxes de remplacement seraient insuffisantes (1). On a voulu, disent les défenseurs du texte adopté par la Chambre, faire œuvre de décentralisation ; on a voulu laisser aux communes une certaine indépendance et leur permettre de faires des essais de politique expérimentale. S'il en est ainsi, il nous semble que l'article 3 est en opposition avec les idées mêmes qui ont inspiré les autres parties du projet.

(1) Ch., des députés, 4 mai 1893. Discours de M. Peytral. — C'était également l'opinion défendue par M. Guyot en 1889. Ch. des députés. *Deb. parlem.*, 11 mars 1889, p. 539.

La liberté laissée aux communes ne pouvait, d'ailleurs, être absolue. Il ne fallait pas que les assemblées locales pussent méconnaître les règles essentielles de notre droit public en matière d'impôt. Il ne fallait pas que le vote peut-être irréfléchi de son conseil municipal pût compromettre les finances d'une localité, et que l'octroi, gage ordinaire des emprunts contractés sous la sanction et le contrôle des Chambres, disparût, sans qu'on se fût assuré par avance, du mérite des impôts de remplacement (1). Aussi, les projets d'établissement de taxes directes seront-ils soumis, dans tous les cas, à l'approbation du pouvoir législatif (2).

La proposition votée par la Chambre est, avant tout, une déclaration de principe contre l'octroi. Elle signifie que ce mode d'imposition a cessé de plaire, qu'il est moralement condamné, qu'un avenir plus ou moins éloigné est

---

(1) Ch. des députés, 11 mars 1889. Discours de M. Fr. Passy.

(2) Primitivement, l'approbation législative ne devait pas être exigée. M. Guyot demandait seulement que les articles 137 et suiv. de la loi de 1884 fussent applicables aux délibérations municipales ayant pour objet le remplacement de l'octroi par des taxes directes. MM. Ribot et Passy firent prévaloir le principe de l'intervention du Parlement « L'impôt, disaient-ils, ne peut être établi que par la loi, c'est-à-dire par le pouvoir souverain. Quand ce pouvoir à déterminé les conditions générales de perception de l'impôt, il peut déléguer à un corps comme le Conseil d'État le droit d'appliquer les taxes dans les limites qu'il a lui-même fixées. C'est pourquoi, les principes généraux en matière d'octrois une fois établis, on a pu dire que, dans certaines limites de quotité, le Conseil d'État accorderait son autorisation aux communes. Mais ici on propose de donner aux communes un droit d'initiative : on ne peut le leur concéder sans que le législateur se réserve un droit d'examen et de contrôle ». 11 mars 1889. Deb. parlem. de la Chambre, p. 537.

appelé à le voir disparaître. Que les municipalités se mettent donc à l'étude. Un vaste champ d'expériences leur est ouvert. Elles communiqueront le résultat de leurs recherches au législateur. Celui-ci ne prétend pas résoudre le problème : il en abandonne la solution aux intéressés. Pour lui, il appréciera, approuvera ou refusera les textes qui lui seront soumis. En agissant ainsi, il donne « aux conseils municipaux et aux contribuables l'habitude de s'occuper d'un peu plus près de leurs propres affaires ; il les fait participer directement à la création des ressources communales » (1). Des esprits chagrins et mécontents estimeront peut-être que l'œuvre de la Chambre est incomplète, que la condamnation prononcée contre l'octroi n'est qu'une « manifestation vertueuse » dépourvue d'effet pratique. On leur a répondu, par avance, que « dans l'état actuel des finances de l'État et des communes, il n'était pas possible de faire autre chose. »

Le texte voté le 11 mars 1889 ne contenait aucune indication au sujet des taxes de remplacement (2). La pro-

(1) « L'attention des municipalités et des populations sera attirée sur la question. Il se formera dans les villes une poussée de l'opinion qui obligera les conseils municipaux à étudier sérieusement les taxes nouvelles et plus équitables qu'il serait possible de substituer à l'octroi ». DE PONCHEVILLE. Ch. des Députés, 4 mai 1893.

« C'est la liberté de l'expérience que nous demandons pour les communes, disait également M. Y. Guyot. — Nous laissons aux communes la faculté de supprimer leurs octrois. Quelques-unes en profiteront, d'autres n'en profiteront pas ; mais je crois à la propagande de l'exemple. » Y. GUYOT. Ch. des Députés, 26 février 1889.

(2) M. Arnous disait à ce propos. « Pensez-vous que si le législateur s'avoue impuissant, les municipalités auront la perspicacité qui fait défaut au Parlement ». Ch. des Députés, 7 février 1889. Le projet Guillaumou et Guillemet s'est efforcé de répondre à l'objection. Il n'est pas bien certain qu'il ait réussi.

position Guillaumou et Guillemet est plus explicite ; elle
énumère certains modes d'imposition en usage dans les
pays étrangers et auxquels il sera permis de recourir.

Centimes additionnels.

Cette ressource existant déjà, le projet ne l'indique que
pour mémoire. Seules, des communes peu importantes,
où le produit de l'octroi est faible, les frais de perception
élevés, et n'ayant qu'un chiffre restreint de centimes peuvent y faire appel. Nous avons dit précédemment que certaines municipalités étaient entrées dans cette voie : Agde
où les centimes additionnels ont été majorés de 55.
Elbeuf où ils se sont accrus de 37 (1). Montereau où ils
ont été portés de 9 à 80. Mais la plupart des villes ont
déjà un chiffre de centimes considérable et l'emploi exclusif de ce mode de remplacement leur est interdit. Il serait, d'ailleurs, très onéreux pour le contribuable et il conviendrait de n'y recourir qu'avec une extrême réserve.

Taxe sur la valeur vénale de la propriété.

MM. Yves Guyot et Guillemet fondent sur cette imposition nouvelle de vastes espérances. N'invoquent-ils pas en
sa faveur une puissante recommandation, celle de Turgot ? « La dépense commune des villes, a dit l'ancien

(1) Nous avons indiqué précédemment les raisons qui avaient déterminé la ville d'Agde à supprimer son octroi. Quant à l'expérience de
la ville d'Elbeuf au sujet de laquelle on a fait grand bruit, elle mérite aussi une observation. La suppression de l'octroi n'a pas été totale, comme on l'a dit, mais partielle, et elle a nécessité non seulement des centimes additionnels mais des surtaxes sur l'alcool.

ministre de Louis XVI, doit être payée par les propriétaires du sol de ces villes (1) ». Et pourquoi donc seraient-
ils seuls à contribuer à l'entretien de la cité ? M. Yves
Guyot nous dit que toutes les améliorations effectuées
dans la ville leur profitent. En quoi, par exemple, les sommes employées pour l'instruction ou l'assistance publique
profitent-elles à la propriété foncière ? La vérité est que
les travaux d'utilité communale servent les intérêts de
tous les habitants, et que tous, propriétaires terriens ou
autres, appelés à en bénéficier, doivent en payer leur part.
D'ailleurs, les détenteurs d'immeubles ne sont-ils pas déjà
lourdement atteints ? N'acquittent-ils pas l'impôt foncier,
les centimes additionnels qui s'y rattachent, les droits de
mutation et de succession ? Et les communes qui, jusqu'ici,
se sont refusées à recourir à des centimes additionnels sur
les 4 contributions directes, craignant, fort justement, de
créer à la propriété immobilière, à l'industrie et au commerce une situation intolérable, iront-elles demander à
la propriété foncière seule le remplacement des taxes
d'octroi ?. A cette propriété immobilière déjà si lourdement taxée, réclameront-elles 150 milions à Paris, 12 millions à Lyon, 11 millions à Marseille, 6 millions à Bordeaux ?
D'après M. le Préfet de la Seine, en estimant à 15 ou
16 milliards pour Paris la valeur vénale des terrains bâtis
ou non bâtis, l'impôt supplémentaire de 1 0/0 nécessaire
pour opérer le remplacemnnt de l'octroi aurait pour effet

(1) Rapport Yves Guyot, *op. cit.* — « On ne fait pas une amélioration dans une ville, on ne construit pas une rue, on ne fait pas une
adduction d'eau, on ne pose pas une ligne de tramways sans que la
propriété n'en acquière une plus-value ». Y. GUYOT. Ch. des Députés,
26 février 1889. — Voir également rapport Guillemel, p. 823.

de quadrupler la contribution foncière. Tel immeuble qui paie aujourd'hui 300 fr. devrait en acquitter 1300. Une crise économique serait la conséquence immédiate d'une pareille mesure qui équivaudrait à la ruine pour un nombre considérable de petits propriétaires et qui constituerait à l'égard de tous les détenteurs actuels une véritable spoliation (1).

La doctrine de Turgot nous est connue. Ce fut elle, on s'en souvient, qui inspira les réformes financières de l'Assemblée Constituante. On sait à quel lamentable échec elles aboutirent, à une époque cependant, où la richesse foncière était autrement importante qu'aujourd'hui, et où l'on ne prévoyait point encore le prodigieux développement que prendrait un jour la fortune mobilière (2)

Le mode de remplacement préconisé aujourd'hui par M. Y. Guyot est donc injuste, car il prétend faire retomber sur une seule catégorie de redevables toute le poids de l'im-

---

(1) Voir la déposition de M. le Préfet de la Seine devant la commission du sénat. Rapport Bardoux, p. 730. M. de Poncheville disait très justement au sujet de l'impôt sur la valeur vénale. « Le parlement n'a pas encore apprécié les mérites de cette contribution nouvelle. S'adressera-t-il aux villes pour leur dire : Expérimentez *in anima vili* les impôts que nous ne croyons pas acceptables pour le budget de l'Etat et pour l'ensemble des contribuables. Etablissez-les donc sur un certain nombre d'habitants d'une ville et faites peser sur eux ce dont nous ne voulons pas ». *Débats parlem.* Ch. des Députés, 1889, p. 512.

(2) « L'influence des doctrines physiocrates sur la législation financière de l'Assemblée Constituante a été une cause de ruine pour l'Etat et pour les communes. Il est vraiment étrange qu'on invoque aujourd'hui cette doctrine pour justifier la suppression de l'octroi. » MATHIEU BODET, *Les finances de la France de 1870 à 1876.*

pôt (1). Il pourrait être fatal aux intérêts des villes : dans tous les cas son application donnerait lieu à d'insurmontables difficultés. Comment, en effet, percevoir sans résistances une semblable contribution, comment même la répartir ? M. Guillemet nous apprend que dans certains pays étrangers, le propriétaire est tenu de déclarer la superficie de son immeuble, le nombre des étages, le nombre et le nom de ses locataires, le nombre des pièces occupées et non occupées, le numéro de la police d'assurances, la somme assurée, etc. (2). Il ajoute que, sans imposer pareille obligation aux propriétaires français, les pouvoirs locaux auront toujours les facilités voulues pour établir la valeur approximative des terrains et des immeubles. Suffira-t-il donc de cette connaissance approximative pour asseoir équitablement l'impôt (3) ? Quoique l'on fasse, l'estimation de la valeur vénale reposera toujours sur des données discutables, car elle nécessitera, soit le concours d'agents du fisc dont l'appréciation n'évitera jamais l'arbitraire, soit l'intervention de répartiteurs communaux dont l'indépendance et l'impartialité pourront

(1) « Tel citoyen serait supposé riche à cause de la nature spéciale de son revenu. Tel autre dont tous les biens tiendraient dans un portefeuille, ne serait pas atteint ou si l'on prétendait le faire contribuer dans une proportion analogue pourrait se soustraire à l'impôt, mettre ses valeurs en lieu sûr ou les faire émigrer. » BRELAY, *Réforme sociale 15 juillet 1886. Consulter également les articles de l'Économiste français du 27 mars et du 12 juin 1886. Même auteur.*

(2) Rapport Guillemet, p. 823.

(3) En 1885 le ministère des finances estimait à 15 ou 16 milliards la valeur vénale de la propriété parisienne. MM. Ménier et Y. Guyot à 20 ou 21 milliards. Cet écart de 5 milliards constitue, sans doute, la connaissance approximative à laquelle il est fait allusion .

toujours être mises en doute. L'impôt sur la valeur vénale serait plus vexatoire que l'octroi, qu'il ne faudrait
pas s'en montrer autrement surpris.

Il est bien certain, d'ailleurs, que le surcroît de charges
imposé au propriétaire se traduirait par un renchérissement immédiat du prix des loyers.

L'ouvrier serait atteint par contre-coup et sa condition
se trouverait aggravée. Obtiendrait-il du moins une compensation équitable dans la disparition de l'octroi? Peut-
être est-il téméraire de l'affirmer, d'escompter ainsi un
dégrèvement que l'expérience du passé rend tout au moins
problématique et de décider, par avance, qu'il constituera
pour la classe laborieuse un allègement suffisant(1) ?

Taxe sur la valeur locative de l'habitation.

Au lieu d'imposer la valeur vénale de la propriété,
imposera-t-on la valeur locative? Au lieu d'atteindre d'a-
bord et directement le propriétaire, quitte à ce dernier à
se dédommager comme il le pourra, fera-t-on payer le locataire pour chaque partie de l'immeuble occupée par lui ?

(1) « D'après M. Guyot, l'impôt destiné à remplacer l'octroi doit
être celui qui représentera le plus de justice, la proportionnalité la
plus exacte, qui gênera le moins le développement de la richesse,
qui sera le moins vexatoire dans son mode de perception, celui enfin
qui présentera le plus de garanties pour le contribuable ». Serait-ce
donc l'impôt sur la valeur vénale ?

M. le maire de Bordeaux estime qu'en faisant payer à la propriété
foncière seule la jouissance de tous, le nouvel impôt augmenterait la
somme d'arbitraire de notre régime fiscal sans réussir à contenter personne.

La production des baux de location devrait alors être exigée. Grâce à cette mesure, on établirait facilement la part contributive de chacun, et l'on éviterait ainsi tout arbitraire dans la répartition de l'impôt. La taxe nouvelle qui, ne l'oublions pas, viendrait se superposer à la contribution mobilière, aux centimes additionnels qui l'accompagnent et, dans bien des cas, à la contribution des patentes serait-elle moins onéreuse que l'ancienne pour la population ouvrière? Les adversaires de l'octroi le prétendent. Évaluant à 31 francs par tête et à 124 francs pour un ménage de quatre personnes la moyenne du droit d'octroi à Lyon, la municipalité de cette ville estime que l'impôt de remplacement, qui s'élevera cependant à 27 0/0 de la valeur de l'habitation, profitera à tous les logements de 500 francs et au-dessous (2). Ce raisonnement serait exempt de tout reproche, si, d'une part, le droit d'octroi constituait réellement, comme l'affirment ses détracteurs, un impôt de capitation ; (2) si, en second lieu, la taxe indirecte et locale une fois disparue, sa suppression profitait en entier au consommateur. S'il était manifestement établi que le pauvre et le riche contribuent à l'octroi dans des proportions identiques, s'il était démontré qu'ils bénéficieront l'un et l'autre et intégralement du dégrèvement d'impôt, alors, mais alors seulement, le calcul de la municipalité lyonnaise serait à l'abri de toute critique. Or, de ces deux propositions, la première, nous l'avons constaté, est profondément inexacte, quant à l'hypothèse d'une diminution dans la valeur des denrées, elle est infiniment problématique et ne saurait être

(1) Rapport Guillemet, p. 825.
(2) Et si cet impôt de capitation n'atteignait que les habitants de la cité qui seront seuls à payer la taxe locative.

évaluée avec précision. Dès lors, le nouvel état de choses se
traduisant par une aggravation certaine des charges directes et n'offrant, d'autre part, qu'une garantie à peu près
illusoire d'abaissement des prix, les avantages de la réforme nous paraissent assez aléatoires et nous doutons qu'elle
améliore sensiblement le sort de l'ouvrier.

La taxe locative serait, d'ailleurs, très onéreuse pour le
contribuable, en raison de son élévation, en raison aussi
de son mode de recouvrement. La perception en serait
difficile et le rendement peut-être incertain. Il ne faut
pas oublier, en effet, que parmi ces logements de 500 francs
et au-dessous qui, selon le conseil municipal de Lyon,
sont appelés à bénéficier de la disparition de l'octroi,
beaucoup sont occupés par des indigents. Ceux-ci ne sont
assujettis à aucun impôt direct ou n'acquittent que la contribution personnelle. Devra-t-on les imposer et, dans l'af-
firmative, est-on bien assuré que la taxe sera recouvrée ?

M. Guillemet estime lui-même qu'il conviendrait d'accorder des dégrèvements en raison des charges de famille. Il reconnaît donc les difficultés presque insurmontables que rencontrera la taxe locative. Il avoue donc
que l'impôt sur le loyer n'est pas proportionnel, qu'il
encoure le même reproche que l'octroi, qu'il grève d'autant plus lourdement la famille qu'elle est plus nombreuse,
qu'il est, lui aussi, un impôt progressif à rebours (1).

Devant la Commission du Sénat, M. le Préfet de la
Seine et M. Leroy-Beaulieu ont longuement insisté sur les

(1) « La taxe pourrait être réellement proportionnelle aux facultés
imposables de chacun, si les municipalités accordaient des dégrèvements en raison des charges de famille.» GUILLEMET. Rapport, p. 825.
— Mais la quotité de la taxe qui est déjà de 27 0/0 serait alors considérablement surélevée.

inconvénients que présenterait une contribution excessive sur les loyers (1). Ils ont rappelé dans quelles conditions défavorables, au point de vue de la morale et de l'hygiène, se trouvait logée une partie trop considérable de la classe laborieuse. Ils ont conclu que, dans les grandes villes principalement, l'habitation était autrement défectueuse que la nourriture et qu'il y aurait un réel danger à surcharger la première pour dégrever inconsidérément la seconde (2).

Taxe sur les hôteliers, débitants, restaurateurs.

Affranchis de l'octroi, mais atteints en partie par l'impôt de remplacement, diminueront-ils leurs prix et feront-ils profiter le consommateur d'un dégrèvement égal au bénéfice qu'ils auront réalisé? (3) Les réductions qu'ils pourraient consentir étant le plus souvent minimes, l'acheteur lui-même ne les négligera-t-il pas ?

(1) Rapport Bardoux. Dépositions de M. le Préfet de la Seine, p. 730 et de M. Leroy-Beaulieu. *Economiste franç.* 9 janvier 1892. « Un logement suffisamment ample impose beaucoup plus que toute autre condition matérielle à l'hygiène publique et privée, à la décence et à la dignité de la vie ».

(2) L'impôt sur la valeur locative avait été proposé, en 1867, par un publiciste de Rouen M. Courcelle, qui donnait à cette imposition le nom de contribution de ville. M. Courcelle concluait lui-même que son impôt de remplacement serait plus lourd, plus inégal et moins bien réparti que l'octroi. *L'abolition des octrois en France*, par Courcelle. Rouen 1867.

(3) Il n'est pas inutile de rappeler ici ce que disait M. Léon Say à la séance du Sénat du 20 décembre 1883. « Si vous faites un dégrèvement au profit d'une industrie qui est exercée par un trop grand nombre de personnes dont beaucoup de font pas de bonnes affaires, il y

Taxe sur les domestiques, sur les cercles, sur les voitures, etc.

Elles ne donneraient un résultat appréciable que dans quelques grandes villes. Les impôts somptuaires, séduisants au premier abord, parce qu'ils n'atteignent que le luxe, ne s'appliquent qu'à des catégories très restreintes de redevables ; ils ne rapportent rien ou presque rien (1). En France, leur produit total pour l'État et les communes ne s'élève qu'a quarante millions. L'impôt des cercles à lui seul ne dépasse pas 1,300,000 francs.

Taxe sur les étrangers.

Elle ne pourrait être établie que dans les centres d'excursions ou les villes d'eaux. Elle serait vexatoire et ne donnerait un produit sérieux qu'à la condition d'atteindre un chiffre élevé. Dans ce cas, son résultat le plus sûr serait d'éloigner ceux-là même qu'on prétendrait imposer.

Taxe sur les transferts de propriété entre vifs et par décès.

Une semblable imposition se justifie aisément. Les travaux effectués par les villes donnant une plus-value sensible

à de grandes chances pour que le dégrèvement ne profite pas au consommateur, car les industriels, ayant beaucoup de peine à subsister, commenceront par chercher à vivre, à se soutenir et absorberont ainsi le produit du dégrèvement. »

(1) LEROY-BEAULIEU. *Traité de la science des finances.* I. Ch. IX.

à la propriété urbaine, il est, en principe, légitime d'exiger d'elle un sacrifice correspondant. La contribution municipale sur les transferts d'immeubles est donc équitablele ; le recouvrement en serait opéré en même temps que celui des droits du Trésor et ne donnerait lieu à aucunes difficultés. Mais, précisément parce qu'il viendrait se superposer à un impôt d'État, l'impôt municipal devrait rester très modéré. S'il était excessif, il constituerait un obstacle réel au développement des transactions et, par là même, il irait contre son but. Le rendement de la taxe locale sur les mutations entre vifs et par décès serait d'ailleurs très incertain, il donnerait lieu d'année en année à des variations considérables.

Taxe de pavage. Droits de stationnement dans les halles, foires et marchés.

Ils existent déjà dans la plupart des communes.

Taxe sur les constructions. — Taxe sur les chevaux.

Parmi les taxes de remplacement proposées, quelques unes ne constituent, en réalité, qu'une transformation du système actuel. Le principe de l'impôt resterait le même, la forme seule en serait modifiée. On reconnaît, en effet, que les droits sur les matériaux de construction, que les droits sur les fourrages sont assez exactement proportionnels aux ressources du contribuable et qu'ils n'atteignent que très légèrement les classes nécessiteuses. Le seul obstacle à leur maintien, dit-on, ce sont les formalités gênan-

les et vexatoires que nécessite leur perception (1). Cet
inconvénient disparaîtrait si la taxe directe remplaçait la
taxe indirecte, si un droit sur les constructions remplaçait
le droit actuellement perçu sur les matériaux à construire,
si un impôt sur les chevaux et sur le bétail succédait à
l'impôt sur les fourrages.

Peut-être moins vexatoire que l'ancienne, la nouvelle
imposition serait, à n'en pas douter, plus onéreuse, d'abord
parce qu'elle serait perçue sous la forme directe, ensuite
parce qu'elle atteindrait inévitablement un chiffre très
élevé. Prenons un exemple qui nous est fourni par l'enquête du Sénat. A Chambéry, les matériaux fournissent
une recette annuelle de 21.000 francs ; on construit dans
cette ville environ 3 maisons par an (2). Faudra-t-il demander aux 3 propriétaires intéressés l'équivalent des
droits abolis? Sans doute, on pourrait imposer les grosses
réparations et faire payer une taxe proportionnelle : mais
les dépenses d'entretien, qui toutes nécessitent des quantités minimes de matériaux de tout genre, comment les
atteindre exactement ? D'autre part, dans les conditions
actuelles, l'impôt se répartit entre plusieurs catégories de
contribuables : l'entrepreneur, le propriétaire, le locataire
en acquittent chacun et successivement une partie. Il ne
serait pas impossible que le changement de système ne
profitât qu'à un seul des intéressés, l'entrepreneur, qui
maintiendrait ses prix, tandis que le propriétaire et le locataire supporteraient à eux seuls les frais de la réforme.

(1) Déposition de M. le maire de Lyon devant la commission du Sénat. Rapport Bardoux, p. 730. BERTHÉLEMY. *La suppression des
octrois et l'expérience de Lyon. Revue politique et parlementaire*, mai 1895.

(2) Déposition du maire de Chambéry. Rapport Bardoux, p. 761.

Remplacerait-on par une taxe directe sur les chevaux et le bétail l'impôt aujourd'hui perçu sur les fourrages ? Il faudra, si l'on veut favoriser la classe ouvrière, établir un droit différent pour le cheval de luxe et pour le cheval de travail. La distinction présentera parfois des difficultés et donnera lieu, dans tous les cas, à un certain arbitraire. Remarquons, d'ailleurs, que la contribution nouvelle forcément limitée aux animaux de l'intérieur sera plus élevée que l'ancienne qui, se morcelant à l'infini, atteignait la nourriture des chevaux et du bétail momentanément introduits dans les villes.

Quant à l'impôt sur les cheminées que l'on prétend substituer aux taxes d'octroi sur les combustibles, il ne constitue pas une nouveauté. Créé par la loi du 7 thermidor an III, il dût être supprimé en raison des protestations unanimes et des difficultés de perception qu'il souleva.

Telle est la proposition votée par la Chambre le 4 mai 1893 ; telles sont les taxes de remplacement mises à la disposition des municipalités. Sous une forme ou sous une autre, elles existent déjà, soit au profit de l'État, soit au profit des communes. Quelques-unes seraient tout aussi vexatoires que les impositions qu'il s'agit d'abolir, presque toutes seraient plus onéreuses pour les redevables, et leur produit incertain et mal défini ne remplacerait que difficilement le produit assuré et constamment progressif de l'octroi. En réalité, le projet ne renferme qu'une innovation, assez malheureuse d'ailleurs, l'impôt sur la valeur vénale de la propriété et s'il autorise les villes à supprimer leurs octrois, en revanche, il n'indique aucun moyen pratique de réaliser cette réforme. MM. Guillaumou et Guillemet désiraient, nous disent-ils, rallier à leur proposi-

tion la presque unanimité de leur collègues (1). Le texte
qu'ils avaient élaboré ne comportant aucune sanction, ne
constituant qu'une manifestation de principe, dépourvue
de conséquences, était bien fait pour leur procurer cette
satisfaction. Il se borne à reconnaître aux communes un
droit que leur conféraient déjà l'ordonnance du 9 décembre 1814, les lois du 24 juillet 1867 et du 5 avril 1884, en
les autorisant à substituer à leurs taxes d'octroi des taxes
directes. En même temps qu'il énumère certaines impositions locales en usage dans les pays étrangers, il en
subordonne l'établissement en France à la demande des
municipalités d'abord, à l'assentiment du pouvoir législatif
ensuite. Ainsi donc, la plus grande initiative est laissée
aux communes (2), mais l'approbation finale est réservée
aux Chambres.

(1) Rapport Guillemet, p. 828.
(2) M. Guillemet disait en 1893. « Fourier, à la différence des réformateurs qui veulent bouleverser la vie économique et sociale d'un
peuple, ne demandait pour la mise en pratique de sa théorie que le
territoire d'une commune. Si le système sociétaire avait produit les
résultats qu'il était en droit d'espérer, les autres communes auraient
eu la faculté mais non l'obligation de suivre l'exemple donné. Nous
nous sommes inspirés de ce principe : Nous avons voulu procéder
par essais restreints et par la propagande de l'exemple. » Et comme
M. Emile Jamais, député du Gard, déposait un amendement tendant à
rendre obligatoire dans un délai de 5 ans la suppression des droits
d'octroi sur les denrées alimentaires de consommation, M. Guillemet
combattait vivement cet amendement qui, disait-il, « détruisait l'économie du projet de loi et lui enlevait son caractère libéral ». — « Nous
avons confiance, ajoutait-il, dans l'esprit de progrès et de libéralisme
des municipalités. Elles supprimeront à bref délai leurs octrois, mais
nous voulons qu'elles fassent la réforme à leur heure, en temps opportun, lorsque leur situation financière leur permettra sans danger

De semblables dispositions ne présentaient aucun danger. Les garanties qu'elles établissaient étaient suffisantes pour protéger les habitants des villes contre les décisions imprudentes ou arbitraires de leurs élus. Elles constituaient l'assurance que les finances locales ne seraient, en aucun cas, compromises. Le projet de MM. Guillaumou et Guillemet, ne soulevait aucune objection sérieuse : il devait réunir et réunit, en effet, un nombre imposant de suffrages.

Mais il ne résout pas la question. Comme le dit très justement M. Berthélemy. « Ce n'est pas le droit qui manque aux municipalités de supprimer leurs octrois, c'est le pouvoir (1) ». Or, ce pouvoir, la proposition de loi votée par la Chambre ne le donne pas (2).

de changer leur système d'impôt. » 4 mai 1893, Chambre des députés, *Débats parl.*, p. 1337.

Il semble qu'à l'heure actuelle ces intentions libérales aient été perdues de vue, que la confiance dans l'esprit de progrès des municipalités ne soit plus aussi vive, puisque, à la date du 22 novembre dernier, la Chambre votait la proposition de MM. G. Berry. Mas. Cot. « Les communes devront supprimer leurs droits d'octroi sur les boissons hygiéniques au plus tard le 31 décembre qui suivra la promulgation de la présente loi ». D'ici là, d'ailleurs, on a le temps d'aviser.

(1) BERTHÉLEMY. *La suppression des octrois et l'expérience de Lyon. Revue politique et parlementaire*, mai 1895.

(2) « Il semble, dit le maire de Rouen, que la proposition de loi convient surtout aux villes qui n'en ont pas besoin, c'est-à-dire à celles qui, moyennant quelques centimes additionnels, peuvent se passer du produit de leurs octrois.

« La proposition de loi, dit également le maire de Nice, ne fournit pas les moyens de remplacer les taxes d'octroi et comme elle se borne à donner la faculté d'opérer ce remplacement, je puis vous donner l'assurance que la ville de Nice n'en usera pas. — Rapp. Barloux. Dép. des maires de Rouen et de Nice. Consulter également celle du maire de Bordeaux. p. 742, 745, 754 et suiv.

CONCLUSION

LE PROJET DU SÉNAT

Que l'octroi disparaisse, que l'impôt direct reste seul pour fournir aux dépenses des communes, et les propriétaires, sur qui pèseront d'un poids très lourd soit les centimes additionnels, soit la taxe sur la valeur vénale, sans parler des droits sur les constructions et reconstructions, sur les mutations et transmissions d'immeubles, élèveront en proportion le prix de leurs loyers : le surcroît d'impôt retombera en partie sur la population ouvrière. Les négociants exonérés de l'octroi, mais atteints, eux aussi, par les impositions nouvelles, ne diminueront vraisemblablement pas leurs prix de vente, du moins ceux du détail, et l'ouvrier ignorera, par là même, les bienfaits du dégrèvement. D'un côté, aggravation certaine des charges actuelles, de l'autre vie matérielle aussi dispendieuse que par le passé, telles seront les premières conséquences de la réforme (1).

(1) « Diminuer l'impôt indirect pour augmenter l'impôt direct n'est pas un moyen aussi assuré qu'on le croit généralement d'améliorer le sort des classes pauvres aux dépens des classes riches. Ce résultat on ne peut le trouver que dans un équilibre savant maintenu avec courage. » THIERS. *De la propriété*, ch. IV.

En raison de leur mode de recouvrement, comme en raison de leur chiffre excessif, les contributions de remplacement seront très onéreuses, même pour les classes aisées. Les municipalités belges n'hésitent pas à reconnaître qu'un mécontentement profond se manifesta, lorsqu'après la loi du 18 juillet 1860, il fallût recourir à l'impôt direct. Ceux-là même qui avaient le plus vivement applaudi à la disparition de l'octroi furent des premiers à protester. « Des plaintes très amères s'élevèrent, dit le bourgmestre de Bruxelles, on prétendit que les taxes nouvelles étaient lourdes et pénibles (1). » Et cependant, les impôts auxquels on se voyait contraint de faire appel avaient uniquement pour but de subvenir à des accroissements de dépenses, puisque l'État consentait à faire les frais de la réforme et garantissait aux communes un revenu au moins égal à celui qu'elles avaient retiré de leurs octrois. Que serait-ce en France où les droits de consommation seraient non pas transformés mais supprimés, où il faudrait demander aux taxes directes seules la compensation totale des impositions abolies ?

Non seulement le nouvel état de choses constituerait pour le contribuable une charge écrasante, mais la perception même de l'impôt serait impossible (2). Les rapporteurs des propositions de lois relatives aux octrois s'étonnent de la faveur marquée que les autorités locales accordent aux taxes indirectes. C'est que celles-ci, en dépit des attaques dirigées contre elles, présentent de sérieux avantages : la certitude de leur recouvrement, l'heureuse élasticité de

(1) Consulter à ce sujet la lettre de M. Auspach, bourgmestre de Bruxelles. BUROT. Les octrois, p. 318.
(2) Au sujet des frais de poursuite qu'occasionne le recouvrement des impôts directs, consulter l'Économiste, fr., 7 juillet 1888.

leur produit, l'aisance avec laquelle elles s'acquittent. Ces considérations qui font préférer la forme indirecte, lorsqu'il s'agit de subvenir aux besoins de l'État, perdraient-elles toute leur valeur dès qu'il s'agit de satisfaire aux dépenses des communes ? Ce qui est licite, ce qui est avantageux pour l'un, serait-il dangereux et interdit pour l'autre ? Les villes demandent 21 p. 0|0 de leurs recettes aux contributions directes, dit M. Yves Guyot, elles en demandent 79 0|0 à l'octroi (1). Or, si l'on examine le budge, général de 1895, on constate que sur un chiffre de 3.376.993.000 francs, l'impôt direct ne fournit à lui seul que 505.316.000 francs. C'est environ le 1|7 du produit total (2).

C'est dire que les communes pas plus que l'État ne pourraient faire face aux charges énormes qu'elles ont assumées avec les seules ressources des taxes directes (3). Pour les villes importantes principalement, une expérience de ce genre serait une aventure, elle apporterait un bouleversement complet dans leurs finances et l'équilibre en serait, pour longtemps, compromis. La commission du sénat a donc été bien inspirée en ne demandant pas l'abolition intégrale de l'octroi, mais seulement des modifications au régime existant, par exemple, des atténuations aux tarifs

(1) Rapport Yves Guyot. — Rapport Guillemet, p. 819.
(2) Bulletin de statistique et de législation comparée. Ministère des Finances, 1895. Tome XIV, p. 56.
(3) « L'impôt direct dans les sociétés modernes doit rester un impôt d'appoint, un impôt accessoire. » LEROY-BAULIEU. Écon. franc, 7 juillet 1888. — « Nous considérons comme chimérique l'idée de remplacer 300 millions d'impôts indirects par 300 millions d'impôts directs. » BERTHÉLÉMY. La supp. des octrois et l'exp. de Lyon.

lorsqu'ils sont exagérés et particulièrement onéreux pour la classe indigente. En agissant ainsi, en limitant sa tâche, elle a poursuivi un but modeste, sans doute, mais pratique, elle a préféré réformer et améliorer plutôt que détruire (1).

La proposition déposée par M. Bardoux autorise les villes à supprimer les taxes qu'elles perçoivent actuellement sur les vins, les cidres et les bières ; le rapporteur de la Commission du Sénat estime, en effet, que la nature de ces droits et leur exagération même constituent la principale cause du mécontentement soulevé par l'octroi.

Cette suppression totale, la commission ne l'impose pas. Elle n'ignore pas, en effet, que possible dans quelques communes, une semblable réforme apporterait un trouble profond dans les finances d'un grand nombre de localités. Les villes à octroi diffèrent sensiblement les unes des autres ; leurs ressources et leurs charges budgétaires sont loin d'être les mêmes. Les soumettre à un régime uniforme serait impossible. Mais s'ils ne sont pas supprimés, les droits sur les boissons hygiéniques devront être réduits.

La compensation de ce dégrèvement total ou partiel serait demandée :

1° A un relèvement des droits sur l'alcool. Aux termes de la législation en vigueur, le maximum des taxes municipales sur cette boisson ne peut dépasser le droit d'entrée dû au Trésor. D'après le projet du Sénat, les droits d'oc-

---

(1) « Ce que l'opinion publique nous demande, dit M. Bardoux, c'est une solution pratique et qui ne bouleverse pas dans des conditions irréparables la situation budgétaire des villes à octroi, situation aujourd'hui très chargée par les emprunts ».

troi sur l'alcool pourraient être portés au double du droit
d'entrée ; les surtaxes seraient, comme sous l'empire des
dispositions actuelles, soumises à l'approbation législative.
Peut-être serait-il préférable de les interdire d'une façon
absolue. L'impôt excessif aurait, en effet, pour conséquence
une diminution sensible dans la consommation en même
temps qu'une recrudescence de la fraude. L'expérience a
d'ailleurs montré que les pouvoirs publics cédaient avec
une regrettable facilité aux demandes des assemblées locales relatives à la création de surtaxes.

2° A l'établissement de licences municipales à la charge
des débitants de boissons. La licence municipale se com-
poserait d'un droit fixe qui ne pourrait dépasser le droit
de licence perçu au profit du Trésor et d'un droit
proportionnel à l'importance de l'établissement.

3° En cas d'insuffisance de ces ressources, des centimes
additionnels aux quatre contributions directes pourront
être créés. Mais afin que la charge qui en résultera ne
soit pas excessive, le projet du Sénat limite à vingt le
nombre de ces centimes.

Remarquons, d'ailleurs, que plusieurs communes trou-
veraient un élément de recettes nouvelles dans l'élévation
de certaines impositions figurant au tarif actuel de leur
octroi. Il n'y aurait, évidemment, aucun inconvénient réel
si les taxes qui frappent les objets de luxe étaient portées
aux maxima établis par le décret du 12 février 1870.

Le projet de la commission du Sénat laisse donc le
choix entre une abolition totale ou partielle des droits sur
les boissons hygiéniques. Il serait facile à certaines communes de faire davantage et de supprimer totalement
leurs taxes indirectes. En 1891 les octrois de Caunes
(Aude), de Saint-Aupre (Isère), de Juncalas (Hautes-Pyré-

nées) ont été abolis. Le rendement annuel du premier
n'était que de 600 francs, les deux autres produisaient
respectivement 310 et 160 francs. Les partisans
les plus convaincus de l'impôt indirect n'ont jamais
songé à prendre la défense de taxes semblables. Dans des
villages d'aussi faible étendue, dont les charges budgétaires sont, pour ainsi dire, nulles, l'octroi est un impôt
détestable, le produit en est infime et nullement en rapport avec les frais de recouvrement qu'il nécessite. Il
serait alors du devoir des municipalités de renoncer d'elles-
mêmes à cette forme de contribution, d'y substituer des
centimes additionnels dont le chiffre peu élevé ne constituerait qu'une charge légère pour les habitants. Ajoutons que les préfets pourraient très utilement intervenir
pour une pareille modification. L'article 6 du décret du
12 février 1870 leur confie le soin d'autoriser les frais de
premier établissement, de régie et de perception des
octrois. Qu'ils n'hésitent pas à user des pouvoirs que la
législation leur confère, à intervenir d'une manière efficace dans la gestion des finances communales, en refusant
d'autoriser les frais de perception lorsque leur quotité
devient excessive (1).

Quelques changements à la législation de 1816 complè-
teraient heureusement les mesures proposées par la
commission du Sénat.

L'art. 26 de l'ordonnance du 9 décembre 1814, affran-

(1) Antérieurement au décret de 1870, les frais de premier établissement de régie et de perception des octrois étaient arrêtés par le
gouvernement. Peut-être serait-il sage de revenir en partie à l'ancien
état de choses et de décider qu'au delà d'un certain chiffre, 15 0/0
par exemple, l'approbation des frais de recouvrement appartiendra au
pouvoir central.

ohissait formellement des taxes d'octroi les dépendances rurales entièrement détachées de l'agglomération principale. Ne participant pas aux avantages de la cité, il était juste qu'elles restassent indemnes de ses charges. Nous avons dit, précédemment, que la loi de 1816 avait dérogé, sur ce point, aux prescriptions de l'ordonnance de 1814. Aujourd'hui, les dépendances rurales sont soustraites au droit d'entrée, mais peuvent être soumises au droit d'octroi. Il y a là une anomalie que l'équité, non moins que l'intérêt de l'agriculture, commande de faire disparaître.

Il conviendrait également d'apporter quelques modifications à l'art. 152 de la loi du 28 avril 1816. On sait que cet article permet aux grandes villes d'établir dans les communes qui les avoisinent, des octrois dits de banlieue, dont le produit doit être exclusivement réservé aux localités dont ils sont formés. On se rappelle que les municipalités intéressées doivent être consultées; mais leur avis n'est pas obligatoire. Il serait à désirer qu'il le devînt, et que les grandes villes perdissent le privilège de pouvoir imposer un octroi à une circonscription voisine contrairement à tous ses intérêts et malgré l'opposition arrêtée de ses représentants.

En même temps que par la suppression totale ou partielle des droits sur les boissons hygiéniques, la commission du Sénat s'efforce d'améliorer la situation des classes ouvrières, elle modifie heureusement les conditions d'administration de l'octroi et réalise un nouveau progrès en abolissant le régime de la ferme.

Nous avons brièvement rappelé, au commencement de cette étude, les abus de toute sorte qu'avait occasionné sous l'ancienne monarchie l'affermage de l'impôt. Les violences et les exactions des fermiers, l'impunité qui leur

était assurée furent une des principales causes de l'hostilité que rencontrèrent, à cette époque, les taxes d'octroi.
Qui oserait prétendre que les inconvénients signalés alors
ont aujourd'hui disparu et que le double contrôle de l'Administration des Contributions Indirectes et de l'autorité
municipale a été assez efficace pour en prévenir le retour ?
Le législateur de 1814, qui rendit aux assemblées locales la
libre administration de leurs octrois, avait été bien inspiré en
exigeant que l'impôt ne fût ni affermé ni confié à des régies
intéressées. Cette prescription était sage et l'on doit regretter que le pouvoir, cédant aux sollicitations des municipalités, ait autorisé en 1815 ce qu'il avait cru devoir interdire en 1814 (1). Sans doute, le régime de la ferme présente certains avantages pour la commune. L'adjudication
de l'octroi étant consentie suivant un prix convenu à l'a-
vance, le conseil municipal, débarrassé des ennuis et des
difficultés de la perception, délivré de toute inquiétude sur
la rentrée des taxes connaît exactement les sommes dont
il disposera et peut régler son budget en conséquence.

En revanche, ce régime est généralement très dur pour
le contribuable, car le recouvrement de l'impôt ne s'opère
plus avec les ménagements nécessaires, le fermier cher-
chant, avant tout, à retirer le plus de profit possible du
marché qu'il a souscrit (2). Il est de plus très onéreux pour
la commune. Ainsi que le dit Montesquieu « la régie des
tributs qui en fait entrer les produits en entier dans le fisc
est sans comparaison plus avantageuse que la ferme de
ces mêmes tributs qui laisse toujours entre les mains de

(1) DUFOUR. *Droit administratif appliqué*. VII, p. 176.
(2) Adam Smith disait à ce propos. « Les lois sanguinaires existent
toujours dans les pays où le revenu des impôts est en ferme ».

quelques particuliers une partie des revenus du pays (1) ».
C'est une affirmation de ce principe que l'impôt doit avoir
pour objet exclusif la satisfaction des besoins de l'État et
des villles. Avec le système de la ferme, ce but se trouve
dépassé ; il ne suffit plus que la taxe soit assez productive
pour permettre à la commune de faire face à ses dépenses,
il faut encore que son rendement soit assez élevé pour
assurer un bénéfice au fermier (2).

Enfin, cet état de choses est d'autant plus condamnable
qu'il permet aux conseils municipaux de se désintéresser
de la gestion de leurs octrois. Les assemblées locales
n'exercent aucune surveillance sur les opérations des
adjudicataires, et ignorent presque toujours la valeur
exacte des produits affermés. Trop souvent, les fermiers
n'accusent qu'un chiffre de recettes inférieur au prix du
bail qu'ils ont souscrit (3) ils s'efforcent ainsi de déprécier

(1) MONTESQUIEU. *Esprit des Lois*, livre XIII.

(2) « Si la perception des droits d'octroi, dit un rapport du ministère
de l'Intérieur, entraîne une dépense qui absorbe dans une proportion
excessive le rendement des taxes, l'octroi doit être supprimé ; mais
si, au contraire, elle laisse les ressources prévues, on ne voit pas
pourquoi les municipalités se déchargeraient sur un fermier du soin
d'administrer l'octroi ». Rapport Bardoux, p. 726.

(3) Dans 133 octrois le fermier n'aurait pas même encaissé une
somme égale au prix de ferme. Rapport Bardoux.

Le fermier de l'octroi de Graulhet (Tarn) dépense comme chiffre
de redevance et frais de perception une somme totale de 54.345 fr.
C'est le chiffre de l'année 1880. Cette année-là le rendement de
l'octroi n'est que de 48.169 fr., le fermier serait donc en perte de
6.176 fr. Rapport Guillemet, p. 819.

En 1880 également, le fermier de Limoux (Aude), perçoit 67.650 fr.
Le prix de ferme et les frais de perception atteignent 73.110 fr. —
Les dépenses excéderaient de 6.295 fr. le chiffre des recettes. Rapport Guillemet, p. 819.

BERTRAND   13

la ferme et d'obtenir de la commune un nouveau traité plus avantageux que l'ancien. Le rapport déposé par M. Bardoux signale, à ce propos, des faits d'une singulière éloquence et conclut que « le seul remède à de pareils abus, c'est la suppression du régime qui les engendre (1). »

Il propose, en conséquence, l'abolition du régime de la ferme. Les adjudicataires, à l'expiration de leurs traités, ne pourraient plus en obtenir le renouvellement.

Les mesures ainsi proposées sembleront insuffisantes à beaucoup. Sans doute, elles corrigent certains abus, elles atténuent ce que le système fiscal actuel peut présenter de particulièrement onéreux pour la classe indigente, mais elles laissent subsister l'octroi et avec lui les formalités gênantes et vexatoires de la perception, les entraves à la libre circulation des personnes et des choses. Même, il n'est pas douteux que par la surcharge des droits sur l'alcool, elles ne donnent une prime nouvelle à l'esprit de contrebande. Était-il possible de faire davantage ? La commission du Sénat ne l'a pas pensé. Quelle autre solution adopter qui ne compromit pas l'équilibre de nos budgets? L'intervention de l'État? La Belgique a bien pu en 1860 opérer une semblable réforme ; mais dans la situation de nos finances, comment demander aux impôts généraux un sacrifice de près de 300 millions ? Nous avons étudié avec quelques détails la loi du 18 juillet 1860. Nous avons dit que les impositions communales étant uniquement destinées à pourvoir à des besoins locaux

---

(1) Le régime de la ferme condamné par l'opinion publique disparait peu à peu. Le nombre des octrois en ferme était de 421 en 1884 ; il était de 392 fr. en 1892, il est de 389 fr. en 1894.

Il est surtout usité dans le midi.

on ne saurait sans injustice leur substituer des taxes générales acquittées par l'ensemble du pays. Nous avons rappelé que, d'après les déclarations mêmes des municipalités belges, la suppression des octrois avait porté un coup fatal à la prospérité des communes, qu'elle avait nécessité la création d'impôts directs qui avaient provoqué dans le peuple un vif mécontentement, qu'enfin le but principal qu'on s'était proposé n'avait pu être atteint, puisqu'aucune diminution appréciable ne s'était produite dans le prix des denrées. Le principe même d'une intervention de l'Etat devait donc être repoussé chez nous, et il fallait laisser à nos conseils municipaux le soin d'opérer eux-mêmes une réforme. Or, le projet voté par la Chambre, s'il autorise les villes à supprimer leurs taxes indirectes, n'indique aucun moyen efficace de réaliser cette suppression. Il n'est que trop certain que les assemblées locales, ne profiteront pas de la faculté qui leur est reconnue, et qu'elles se refuseront à chercher dans des impôts directs assez mal définis l'équivalent des ressources qu'elles demandent aujourd'hui à l'octroi.

La Commission du Sénat l'a parfaitement compris. Laissant donc de côté l'hypothèse d'une abolition complète de nos taxes indirectes et locales, abolition que l'état de nos finances rend pour l'instant irréalisable, elle a voulu apporter une solution pratique qui améliorât le régime existant sans jeter un trouble profond dans la situation budgétaire des communes. « La loi que nous vous proposons, disait M. Frère Orban, en 1860, assure le présent et ménage l'avenir. » Il nous semble que cette appréciation serait plus exacte, appliquée au projet élaboré par le Sénat. Lui aussi, il assure le présent, et mieux encore que la législation belge, il ménage l'avenir.

TABLE DES MATIÈRES

PREMIÈRE PARTIE

Historique.

DEUXIÈME PARTIE

Inconvénients de l'octroi. Ses avantages.

TROISIÈME PARTIE

De l'établissement des taxes d'octroi.

QUATRIÈME PARTIE

De la suppression des taxes d'octroi.

CONCLUSION

Vu : *Le président de la Thèse,*

L. MICHOUD.

Vu :

Grenoble, le 19 Juin 1896.

Le Doyen de la Faculté,

TARTARI.

Vu et permis d'imprimer:

Grenoble le 19 juin 1896

Le Recteur, président du Conseil général des facultés,

ZELLER.

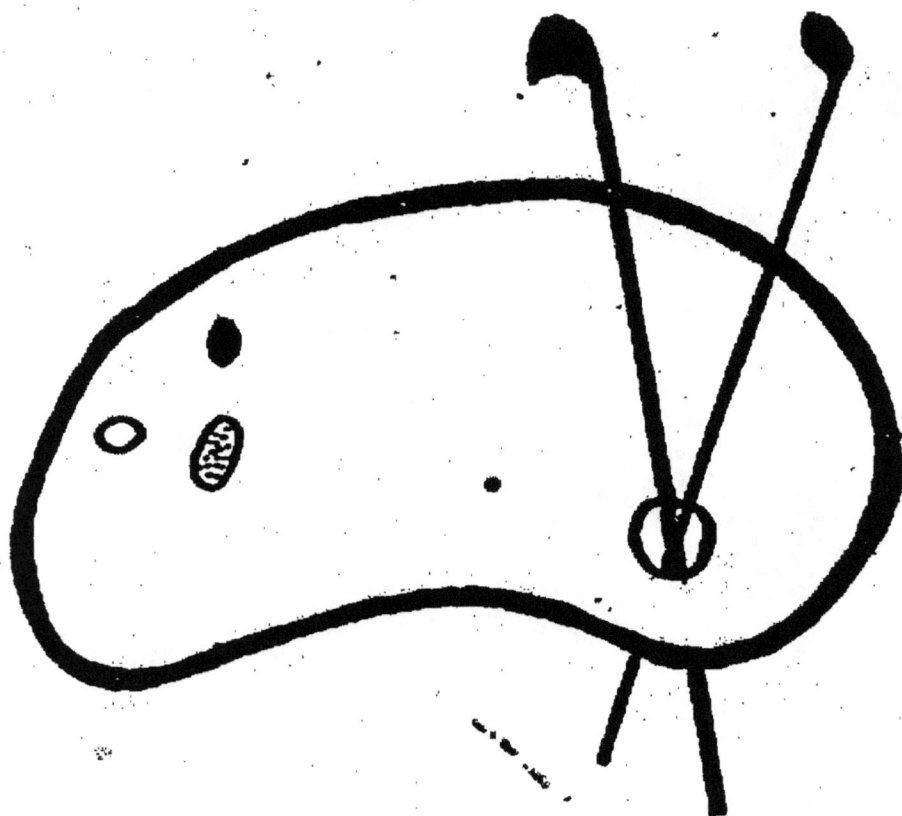

www.ingramcontent.com/pod-product-compliance
Lightning Source LLC
Chambersburg PA
CBHW070528200326
41519CB00013B/2975